地域子育て支援拠点で取り組む

利用者支援事業の
ための実践ガイド

編著 ● 橋本真紀

編集 ● NPO 法人子育てひろば全国連絡協議会

第 2 版

中央法規

はじめに

　利用者支援事業は、一人ひとりのこどもが健やかに成長することができる地域社会の実現に寄与するため、こども、保護者、または妊娠している方が、その選択に基づき、教育・保育・保健その他の子育て支援を円滑にできるよう、身近な場所において、当事者目線の寄り添い型の支援を行うことを目的としています。具体的には、日常的に利用でき、かつ相談機能を有する施設等に専門員を配置して業務を実施するものです。

　自治体には専門職による相談窓口が設置されているにもかかわらず、なぜ本事業が創設されたのでしょうか。創設の理由の1つは、児童相談所や要保護児童対策地域協議会等が対象としている家庭だけではなく、地域子育て支援拠点等を利用する家庭の中にも心配な家庭が把握されてきたことがあります。そこにはこどもが生まれたばかりで戸惑いの多い家庭、自ら支援を求めにくい家庭、場合によっては漠然とした不安を抱えていて相談することを「思いつかない」家庭等も含まれます。そのため、地域のサポート体制を整え、予防的機能を強化して心配な家庭への支援に着手するものでした。

　利用者支援事業の業務である①利用者支援、②地域連携とは、直接子育て家庭にアドバイスするような支援ではなく、サポートがあればその人なりの子育てを地域との関係性の中で営めるような家庭を対象に、子育て支援サービスや事業、当事者グループの支援等の社会資源につなげ、ソーシャルワーク的な視点で地域の中にその家庭の支援体制をつくっていくものです。

　本書では、利用者支援事業の全体像のイメージがつかめるよう、創設の経緯、事業の理念と概要、具体的業務、運営上の留意点等を解説し、特に子育て家庭に身近な場所での実施が求められている利用者支援事業「基本型」を中心に記述し、その普及と啓発を推進する目的で発行しました。

　利用者支援事業は、単にサービスのあっせんにとどまらず、その支援が必要な背景へのアプローチ、こどもの最善の利益の保障、親へのエンパワーメントを目指し、子育て家庭に必要とされる地域資源の調整・開発、地域の多様な世代の理解と応援、子育てしやすい地域社会づくりへと発展させていく方向性で捉えていきたいと思います。また、事業の発展のためには、専門員の対人援助力の向上や地域関係機関との関係づくりのため、新たに市町村に設置が求められている「こども家庭センター」との連携、多様な関係者との協働・連携が必要だと考えています。

　子育て家庭が、どのような状況にあっても、主体的に子育てができるよう、一人ひとり

のニーズに合わせた支援が必要であり、身近な場所においてワンストップで相談ができ、地域資源を活用したソーシャルワーク的な支援を継続的に受けられる環境が整うことで、子育て家庭の孤立や深刻な事態を予防できるとの期待が高まっています。

　本書では、先行して実施されてきたいくつかの先駆的実践事例等も踏まえ、これから取り組む実践者の皆さまのガイド役になれるよう、できるだけ具体的に示すことを目指しました。本書が利用者支援事業の普及・啓発の糸口となり、併せて地域の子育て支援のさらなる質の向上と発展に寄与し、そして何よりも子育て家庭の安心とより豊かな子育てのためにお役に立てることを願っています。

　最後になりましたが、2012（平成24）年度に当法人が実施した「子育て支援コーディネーター調査研究委員会」の委員長を務めてくださった柏女霊峰先生、主任委員を務めてくださった橋本真紀先生には、その後も利用者支援事業にかかわる厚生労働省委託研究事業等で、専門的見地から利用者支援事業の骨格づくりや専門員の研修等の確立にご尽力いただきましたことに、心より敬意と感謝を申し上げます。

　また、本書を発行、改訂するにあたり、ご協力、ご支援いただきました実践者の皆さま、有識者の皆さま、編集に関わってくださった多くの関係者の皆さまに御礼申し上げますとともに、今後とも利用者支援事業を一緒に育てていただけますよう、お願い申し上げます。

2025（令和7）年2月

NPO法人子育てひろば全国連絡協議会
理事長　奥山千鶴子

第1章 利用者支援事業の創設と制度的な位置づけ

第1節 利用者支援事業創設まで ……002
1 先駆的取り組み…002
2 ひろば全協における取り組み…003

第2節 利用者支援事業創設の経緯 ……004
1 利用者支援事業創設の3つの流れ…004
2 設置数の推移と実施場所…007
3 新たな動き…009

第3節 制度的な位置づけ ……010
1 法的な位置づけ…010
2 事業内容…010

第4節 利用者支援事業の意義とこれから ……012
1 事業類型の違いと連携・協働…012
2 地域共生社会の一員として…013

第2章 利用者支援事業の概要

第1節 事業の目的 ……016
1 事業の目的…016
2 子育て家庭のニーズ把握と計画への反映…016
3 利用者の選択の尊重…017
4 2つの柱　利用者支援と地域連携…017

目　次

第 2 節　実施主体 ……………………………………………………………………… 018
　　1　実施主体は市町村…018
　　2　市町村の責務…018

第 3 節　事業の対象者 ……………………………………………………………………… 019
　　1　妊娠期から学童期…019
　　2　「心配」な家庭を予防的にコーディネート…020

第 4 節　事業の内容 ……………………………………………………………………… 022
　　1　利用者支援…022
　　2　地域連携…025

第 5 節　地域資源 ……………………………………………………………………… 027
　　1　社会資源とは…027
　　2　地域における社会資源の把握と連携…028
　　3　利用者支援事業に関わるフォーマルな社会資源…028
　　4　自治体独自の事業や子育てを支えるインフォーマルな社会資源…034

第 6 節　事業の類型 ……………………………………………………………………… 036
　　1　事業の類型…036
　　2　基本型とこども家庭センター型の関係…039
　　3　地域子育て相談機関とこども家庭センターの関係…039

第 3 章　利用者支援専門員の役割と力量

第 1 節　利用者支援専門員の役割 ……………………………………………………… 048
　　1　ガイドラインに見る利用者支援専門員の役割…048
　　2　地域子育て支援拠点事業に配置される利用者支援専門員の役割…049

第2節　**利用者支援専門員に求められる役割と力量**　ⵈⵈⵈⵈⵈⵈ 053

　　　1　利用者支援専門員に求められる 8 つの役割…053

　　　2　基盤となる力量…064

第3節　**利用者支援事業の実際**　ⵈⵈⵈⵈⵈⵈ 066

第4章　利用者支援事業の運営

第1節　**利用者支援事業の実施にあたって**　ⵈⵈⵈⵈⵈⵈ 078

　　　1　利用者支援事業基本型における社会資源の捉え方…079

第2節　**利用者支援事業基本型の取り組み**　ⵈⵈⵈⵈⵈⵈ 080

　　　1　ニーズを捉えること…080

　　　2　情報の収集と提供…082

　　　3　助言と利用支援…083

　　　4　相談等の記録…084

　　　5　相談を受ける仕組み、組織づくりと地域連携…091

　　　6　広報・周知…093

第3節　**運営管理**　ⵈⵈⵈⵈⵈⵈ 095

　　　1　情報を管理する…095

　　　2　スタッフの研修とメンタルヘルス…096

　　　3　要望や苦情への対応…98

第5章　利用者支援の先行的実践事例

【実践事例 1】アウトリーチを活用した地域連携で深める利用者支援…102
　　　拠点名：氷見市地域子育てセンター

目　次

【実践事例 2】こども家庭センターとの連携で期待される相乗効果…104
拠点名：花っこルーム高田

【実践事例 3】信頼と実績の積み重ねが実現する多職種連携による包括的支援…106
拠点名：善通寺市子ども家庭支援センター

【実践事例 4】利用者支援事業の質を高めるミーティングや記録…108
拠点名：江東区東陽子ども家庭支援センター

【実践事例 5】妊娠期・0 〜 18 歳、多機関連携で切れ目のない伴走支援…110
拠点名：子育て世代包括支援センター「いっしょ issyo」へびた

【実践事例 6】多くの関係機関を擁する横浜市の連携…112
拠点名：戸塚区地域子育て支援拠点とっとの芽

第 6 章　資　料

利用者支援事業実施要綱 …………………………………………………… 116
利用者支援事業ガイドライン …………………………………………………… 129

NPO 法人子育てひろば全国連絡協議会の活動について

利用者支援事業の創設と制度的な位置づけ

第 1 章 利用者支援事業の創設と制度的な位置づけ

第1節 利用者支援事業創設まで

1 先駆的取り組み

2015（平成27）年度から市区町村事業として始まった利用者支援事業ですが、その創設までには、いくつかの先駆的取り組みがありました。

まず挙げられるのは、2003（平成15）年度に国庫補助事業として創設された「子育て支援総合コーディネート事業」です。この事業は、地域における様々な子育て支援サービス情報を一元的に把握し、①利用者への情報提供、②ケースマネジメント、③利用援助等の支援を行うものでした。具体的には、「子育て支援総合コーディネーター」を配置し、個々の子育て家庭がその状況に応じた適切なサービスを選択し、利用することができるよう支援する、というものでした。

この「子育て支援総合コーディネート事業」は2005（平成17）年の児童福祉法改正により、国庫補助による独立した事業ではなく、市町村の責務として位置づけられました。そのような中で、香川県善通寺市のように、「子育て支援総合コーディネート業務」を継続し利用者支援事業に発展させた取り組みもあります。

また、その他にも独自の取り組みがいくつかの自治体で行われてきました。例えば、千葉県松戸市の「子育てコーディネーター」、千葉県浦安市の「子育てケアマネジャー（現在の地域子育て支援員）」、石川県が実施する「マイ保育園登録事業」及び「子育て支援プラン作成事業」、その他、保護者に寄り添って保育サービスを一緒に考える横浜市の「保育・教育コンシェルジュ」等です。

以上のように、制度設立以前からこどもと子育て家庭のためのコーディネート業務として、いくつかの事業が始まり、一部の地域においては今日まで続けられてきましたが、全国的に展開するまでには至りませんでした。

しかし、近年地域子育て支援に携わる人材も増え、支援者のスキルアップも図られてきたことから、目的を実現するための業務内容を明確にし、合わせて財源や権限の付与を充実させながら、子育て家庭に包括的に関わる「子育て支援コーディネーター」の役割を全国的に展開することができる環境は整ってきたと考えられます。

2　ひろば全協における取り組み

　このような背景がある中で、2013（平成25）年、子育てひろば全国連絡協議会（以下、ひろば全協）は、子育て支援コーディネーター調査研究委員会（委員長：柏女霊峰）を設置、「子育て支援コーディネーターの役割と位置づけ」について研究を行いました[1]。この研究は、子育て家庭の身近な場所にコーディネーターが配置されることの意義、役割と位置づけを検証するというものでした。

　この研究の成果は、2014（平成26）年度から、ひろば全協で実施している「子育て支援コーディネーター養成講座」という形で実を結び、その後、子育て支援員研修における利用者支援事業専門研修のシラバスに沿った内容の講座につながりました。

　また、より実践的な理解のために、2014（平成26）年9月には、「利用者支援事業の実践のために～地域子育て支援拠点事業を核とした利用者支援事業を応援します～」という冊子にまとめ、事業の普及・啓発に活かしました。

　2019（令和元）年度には、子ども・子育て支援推進調査研究事業として、「地域子育て支援拠点事業及び利用者支援事業（基本型）における利用者の個別ニーズの把握・相談対応状況に関する調査研究」（ひろば全協）を行いました。目的は、身近な相談先である地域子育て支援拠点における相談と、利用者支援事業（基本型）における事業の実施状況や実施方法等の実態を明らかにするとともに、支援現場においてどのように機能し、個別ニーズに対応しているのか、それぞれの機能と役割の相違点や連携、相乗効果等について検証し、両事業における相談支援の質的向上を図るためのものでした[2]。

　本書では、こうしたひろば全協の一連の調査研究等を踏まえ、必要な解説や最新情報を加えています。

　さらに、2024（令和6）年より利用者支援事業の類型が変更になったことを踏まえ、本書の改訂を行いました。

---

[1] 子育て支援コーディネーター調査研究委員会「子育て支援コーディネーターの役割と位置づけ（報告書）」NPO法人子育てひろば全国連絡協議会、2013

[2] 2019（令和元）年度子ども・子育て支援推進調査研究事業「地域子育て支援拠点事業及び利用者支援事業（基本型）における利用者の個別ニーズの把握・相談対応状況に関する調査研究」NPO法人子育てひろば全国連絡協議会、2019

第1章 利用者支援事業の創設と制度的な位置づけ

第2節 利用者支援事業創設の経緯

1 利用者支援事業創設の3つの流れ

　利用者支援事業が創設されるにあたり、大きく3つの流れがありました。1つ目は、地域子育て支援拠点事業「地域機能強化型」です。図表1-1のように、地域子育て支援拠点事業は、1993（平成5）年度の保育所地域子育てモデル事業創設時から何度か再編統合されてきました。2013（平成25）年度には、通常の地域子育て支援拠点に加えて「地域支援機能」と「利用者支援機能」を兼ね備えた「地域機能強化型」という類型ができ、後の利用者支援事業基本型につながるものとなります。すなわち、地域子育て支援拠点の4つの基本事業、

① 　子育て親子の交流の場の提供と交流の促進
② 　子育て等に関する相談・援助の実施
③ 　地域の子育て関連情報の提供
④ 　子育て及び子育て支援に関する講習等の実施

があり、それに加えて、加算事業として地域支援を行って成果を挙げてきた経緯や、事業を通じて深く子育て家庭への寄り添い型支援を行ってきた実績等が踏まえられ、コーディネーターとして1名配置するという体制強化を図るものでした。具体的には、利用者支援機能をはたすため、図表1-2のように、地域子育て支援拠点事業に「子育て支援コーディネーター（仮称）」が配置されることが想定されていました。

　さて、この時期、2012（平成24）年3月に少子化社会対策会議で決定した「子ども・子育て新システムの基本制度」は、法案修正等を経て、3党合意（民主党、自民党、公明党）の上、2012（平成24）年8月10日、子ども・子育て関連3法として、可決・成立しました[3]。利用者支援事業は、この3党合意に至る修正の中で、市町村事業である地域子ども・子育て支援事業の中に、独立した事業として創設されることになりました。この背景には、保育所、幼稚園、認定こども園等施設型給付の事業に加えて、小規模保育、家庭的保育事業など多様な就学前教育・保育の施設や事業が増えることから、利用者に寄り添って選択することを支援するため、横浜市が独自に取り組んでいた「保育コンシェルジュ」等を参考に急遽事業として創設されたという経緯がありました。これが2つ目の流れです。

　このように、地域子育て支援拠点事業「地域機能強化型」の流れをくむ子育て支援コーディネーターは、利用者支援事業基本型になり、保育コンシェルジュの流れは、利用者支援事業特定型のモデルになりました。そのため、地域子育て支援拠点事業「地域機能強化

図表 1-1　地域子育て支援拠点事業・利用者支援事業の経緯について

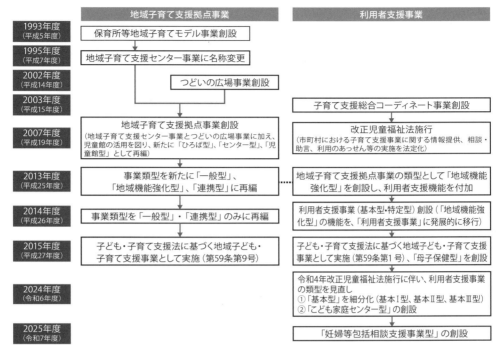

こども家庭庁資料より

図表 1-2　利用支援のイメージ

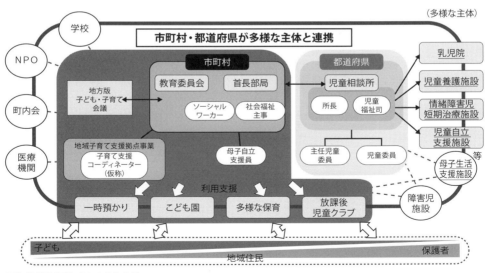

厚生労働省資料（2013年）より

---

[3] 本事業は、当初の政府案では地域子ども・子育て支援事業には位置づけられていなかったが、国会における審議の過程でその重要性が共通認識となり、自公民の3党合意において、子ども・子育て支援法に「市町村が利用者支援を実施する事業を明記する」とされたことを受けて法定化された。

第 1 章 利用者支援事業の創設と制度的な位置づけ

型」は、図表 1-3 のように 2013（平成 25）年の 1 年間のみで発展的に分離してそれぞれ独立した事業に定められました。

図表 1-3　地域子育て支援拠点事業の地域機能強化型と利用者支援事業の整理について

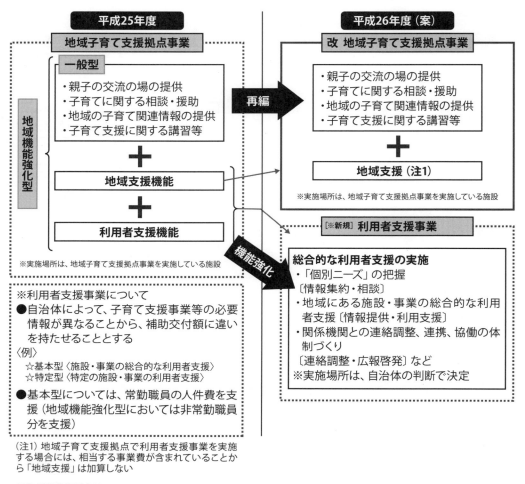

厚生労働省資料より

　利用者支援事業はこのようにそれぞれの流れがあり、当初からイメージが持ちにくいとの意見も多く、厚生労働省では利用者支援事業の目的や内容について先行事例等を参考に検討するため、2013（平成 25）年 9 月、研究会を立ち上げました。そして、2014（平成 26）年の年明けには利用者支援事業実施要綱及び利用者支援事業ガイドラインを発表、利用者支援事業の先行実施につながりました。

　また、3 つ目として 2014（平成 26）年 12 月閣議決定された「まち・ひと・しごと創生総合戦略」の中で妊娠期から出産、乳幼児期にわたる切れ目ない支援を目指し、子育て家庭の様々なニーズに対して総合的な相談支援を提供するワンストップの機能を持つ拠点

として「子育て世代包括支援センター」を整備することが決まりました。ここでの総合的な相談は、保健師等の専門職が行い、必要なサービスをコーディネートし、必要に応じて関係機関と協力して支援プランを策定するものです。これは、2014（平成 26）年度から妊娠・出産包括支援モデル事業の一部として実施されてきたものを制度化したもので、母子保健型につながっています。

図表 1-4　利用者支援事業創設の経緯

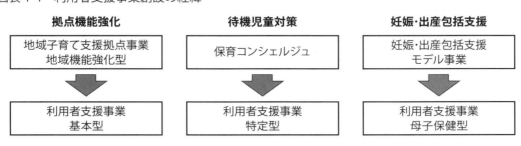

　このように、利用者支援事業はこどもと子育て家庭を巡る課題やライフステージに応じて提供できるよう、様々な背景を持ちながら創設されてきたことがわかります（図表1-4）。さらに、2022（令和 4）年に公布された改正児童福祉法の施行に伴い、2024（令和 6）年からは、事業類型を見直し、基本型を細分化（基本Ⅰ型、基本Ⅱ型、基本Ⅲ型）し、母子保健型はこども家庭センター型になりました。2025（令和 7）年からは、妊婦等包括相談支援事業型が新設されます。

2　設置数の推移と実施場所

　利用者支援事業は、先述したように、子ども・子育て支援新制度が始まった 2015（平成 27）年 4 月に先駆けて前年度の 2014（平成 26）年 4 月よりスタートし、年度内には基本型 163 か所、特定型 160 か所の合計 323 か所が設置されました。
　2015（平成 27）年 3 月に閣議決定された少子化社会対策大綱[4]では、施策に関する数値目標として、2019（平成 31）年度末までに基本型と特定型を合わせて 1,800 か所と定められましたが、2023（令和 5）年度末で合わせて 1,499 か所と目標値を下回っています（図表 1-5）。基本型は増加傾向ですが、特定型は全国的に待機児童が解消されてきたことから横ばいとなっています。母子保健型については、市町村に対する子育て世代包

---

[4] 2015（平成 27）年 3 月 20 日閣議決定「少子化社会対策大綱〜結婚、妊娠、子供・子育てに温かい社会の実現をめざして〜」

第1章 利用者支援事業の創設と制度的な位置づけ

括支援センター設置の努力義務化により設置が進みました。

また、図表1-6に示す通り、各類型別の実施状況を実施場所別にみてみると、基本型は地域子育て支援拠点事業所に約半数が設置されており、特定型は市役所、役場等に75％以上の設置、母子保健型は55％以上が保健（福祉）センターに配置されるなど、設置場所に特徴があることがわかりました。各類型の専門員の連携強化のために、公的施設の1階に子育て世代包括支援センターとして母子保健型の専門員がおり、2階の地域子育て支援拠点に基本型の専門員を配置するなどの工夫をしている自治体もあります。

図表1-5　利用者支援事業の実施か所数の推移

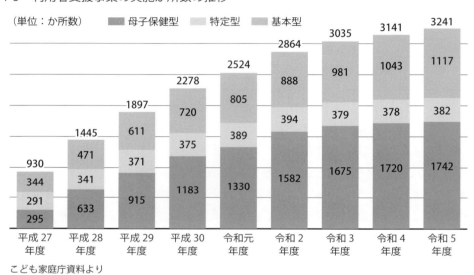

こども家庭庁資料より

図表1-6　利用者支援事業の実施状況（実施場所別）

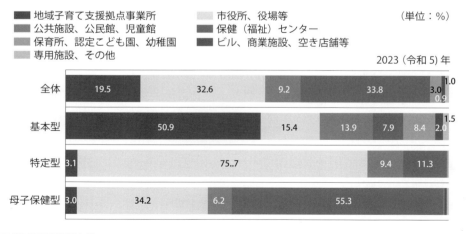

こども家庭庁資料より

3　新たな動き

(1)「こども家庭センター」と「地域子育て相談機関」の新設

　2022（令和4）年6月に成立した「児童福祉法等の一部を改正する法律」により、すべての妊産婦、子育て世帯、こどもへ一体的に相談支援を行う機関として「こども家庭センター」の設置と、保育所等の子育て支援の施設や場所においてすべての子育て世帯やこどもが身近に相談することができる「地域子育て相談機関」の整備が盛り込まれました。

　こども家庭センターは、母子保健と児童福祉が連携・協働して、すべての妊産婦およびこどもとその家庭等を対象として、様々な悩み等に円滑に対応するため、母子保健機能を担ってきた「子育て世代包括支援センター」と児童福祉機能を担ってきた「子ども家庭総合支援拠点」が一体的にその機能を果たせるよう創設され、2024（令和6）年度から市町村に設置の努力義務が課せられました。このこども家庭センターは、利用者支援事業「こども家庭センター型」の補助により運営されています。

　地域子育て相談機関は、市町村の努力義務として2024（令和6）年度から施行されています。市町村は、定める区域ごと（中学校区に1か所）に、住民からの子育てに関する相談に応じ、必要な助言を行うことができる地域子育て相談機関の整備に努めることとされています。地域子育て相談機関は、区域に所在する保育所、認定こども園、地域子育て支援拠点事業を行う場所等において、適切に相談および助言を行う体制を有すると市町村が認めるものと規定されています。職員配置は利用者支援事業基本型に定める職員の配置を原則としています。地域子育て相談機関はこども家庭センターを補完することが期待されており、こども家庭センター側にも、定期的な情報共有を行うなど、密接に連携を図ることが実施要綱において定められています。

(2)「妊婦等包括相談支援事業型」の新設

　2025（令和7）年より、児童福祉法に基づく「妊婦等包括相談支援事業」を実施し、こどもと子育て家庭への伴走型相談支援を行うために「妊婦等包括相談支援事業型」が4つ目の類型として創設されます。妊婦等包括相談支援事業（伴走型相談支援）は、基本型、こども家庭センター型においても実施が可能となっています。

第1章 利用者支援事業の創設と制度的な位置づけ

第3節 制度的な位置づけ

1 法的な位置づけ

　利用者支援事業は、子ども・子育て支援法第59条第1号で定められた、地域子ども・子育て支援事業の1つとして法定化されています。利用者支援事業は、前述のように様々な背景の中で先行実施されてきましたが、新制度創設にあたり新たに整理され制度化された事業です。また、地域子ども・子育て支援事業は、市町村の実情に合わせて実施する事業とされており、市町村事業計画において目標値を定めている場合も多い一方で、実施していない自治体もあり、市町村間での差がつきやすいともいわれています。

　一方で、利用者支援事業に関しては、前述の改正児童福祉法に基づき2024（令和6）年度から、こども家庭センターおよび地域子育て相談機関の設置が努力義務となったことから、市町村はその担い手である利用者支援専門員等の職員を配置することが必要となっており、社会的意義が増しています。

2 事業内容

　利用者支援事業の事業内容は、子ども・子育て支援法第59条第1号に以下のように定められています。

> 「妊婦及びその配偶者並びに子ども及びその保護者が、確実に子ども・子育て支援給付を受け、及び地域子ども・子育て支援事業その他の子ども・子育て支援を円滑に利用できるよう、妊婦及びその配偶者並びに子ども及びその保護者の身近な場所において、地域の子ども・子育て支援に関する各般の問題につき、妊婦若しくはその配偶者子ども又は子ども若しくはその保護者からの相談に応じ、必要な情報の提供及び助言を行うとともに、関係機関との連絡調整その他の内閣府令で定める便宜の提供を総合的に行う事業」

　内容を読み解くと、対象者である妊婦とその配偶者やこどもとその保護者が、子ども・子育て支援新制度における保育所、認定こども園、幼稚園、小規模保育等の給付事業や、地域子育て支援拠点事業、一時預かり事業、放課後児童クラブ等の地域子ども・子育て支

援事業などを確実に利用できるように、また自治体独自の事業や公的には助成されていないようなその他の子ども・子育て支援も含めて円滑に利用できるように、子育て家庭に身近な場所で、多様な子育て家庭の課題（こどもの発達、生活、就園、経済的課題、就労等）に対して相談に応じ、必要な情報の提供や助言を行うということが事業内容として示されています。また、適切な情報提供や助言のためには、子ども・子育て支援新制度で示された多様な教育・保育施設との関係構築や、地域子ども・子育て支援事業やそれ以外の地域における多様な子育て支援事業、近隣領域の支援情報の提供やインフォーマルなサポートも含む多様な関係機関や地域支援の人々と連絡調整などを総合的に行うことが求められています。

　つまり利用者支援事業とは、課題を持つ個別の子育て家庭に対する利用支援を入口として、個別支援が効果的に機能するように地域資源のネットワーク化や資源の開発等を一体的に行う事業と捉えることが必要です。個別支援だけでなく、予防的な支援を志向して地域にセーフティネットを張り巡らせておくようなイメージで、その家庭なりの子育てができるよう地域の中にサポート体制を構築していく営みだと考えています。

　事業内容からは、以下のような特徴を読みとることができます。

　①こどもと保護者が、<u>自分たちの家族が必要とするサービスや事業を確実に円滑に利用</u>できるように支援する。

　②こどもと保護者にとって、<u>身近な場所で円滑に利用</u>できるように支援する。

　③<u>情報提供、相談支援、機関連携、地域支援</u>を総合的に行う。

第1章 利用者支援事業の創設と制度的な位置づけ

第4節 利用者支援事業の意義とこれから

1 事業類型の違いと連携・協働

　これまで利用者支援事業の創設の経緯を見てきましたが、その根底にあるのは、当事者であるこどもと子育て家庭を中心に、そのまわりにオーダーメイドで支援体制を作っていくことです。

　しかし類型ごとに、その手法が異なってきます。基本型においては、教育・保育施設や地域の子育て支援事業を円滑に利用できるよう、身近な場所において、当事者目線の寄り添い型の支援を実施することになります。その対象者は、自分から支援サービスの選択ができる家庭から支援の場面で少し気になる家庭、何らかの生活支援を必要とする家庭まで幅広く、多くが妊娠・出産・子育てといった急な生活の変化の中で戸惑いを感じている家庭です。このような家庭が、地域でその家庭らしく必要に応じて地域資源を活用しながら尊厳のある暮らしができるよう、地域の支援体制を作っていくのが基本型の専門員の役割です。

　特定型においては、教育・保育に関する施設や事業を円滑に利用できるよう支援を実施するとなっていますが、子育て家庭のニーズを丁寧に聞き取り、背景にある個別のニーズに応じて紹介することが求められます。

　こども家庭センター型においては、対象者は妊産婦を含めすべてのこどもとその家庭としていますが、保健師等の専門的な見地から対応を行い、場合によっては必要な調査、訪問等による継続的なソーシャルワーク業務を実施することや、特定妊婦[5]、産後うつ、障害のある人など多様なニーズに対応できるような体制整備が求められています。

　それぞれの役割は、2022（令和4）年度の改正児童福祉法によって、より整理され、地域に根ざした敷居の低い寄り添い型の基本型、教育・保育に関する施設や事業を円滑に利用できるよう支援する特定型、市町村の責務として母子保健と児童福祉を一体的に、専門的な対応を求められるこども家庭センターのこども家庭センター型となりました。

　このように、利用者支援事業はこどもと子育て家庭をめぐる課題の深刻化・複雑化を踏まえつつ、予防を志向してすべてのこどもや子育て家庭を妊娠期からサポートするための支援体制を作ってきました。それぞれ背景の異なる事業類型がさらに機能強化され、連携・協働が求められています。

---

[5] 児童福祉法において、「出産後の養育について、出産前において支援を行うことが特に必要と認められる妊婦」

2　地域共生社会の一員として

　2020（令和2）年の社会福祉法の改正により、地域住民の複雑化・複合化した支援ニーズに対応する包括的な支援体制を整備するため、対象者の属性を問わない相談支援、多様な参加支援、地域づくりに向けた支援を一体的に行う重層的支援体制整備事業が2021（令和3）年から希望する自治体で始まっています。市町村では、既存の支援事業を活かしつつ体制整備を行うこととされており、図表1-7の通り、相談支援事業には利用者支援事業、地域づくり事業には地域子育て支援拠点事業が位置づけられています。

　重層的支援体制整備事業は、住民に身近な圏域において、分野を超えて地域の生活課題について総合的に相談に応じ、情報の提供や助言等を行う体制の整備を行うものです。利用者支援専門員は、同じ地域を舞台として、図表1-8に示すように他の領域のコーディネーターの目的や役割を理解し、いざというときには連携・協働できるよう顔の見える関係構築をしておく必要があります。どの分野もキーワードは地域であり生活圏です。これは、福祉における共生社会づくりの大きな流れと一致しているものです。

図表 1-7　重層的支援体制整備の全体像

社会福祉法に基づき、市町村において、地域住民の複雑化・複合化した支援ニーズに対応する包括的な支援体制を整備するため、高齢、障害、子ども・子育て、生活困窮分野の既存事業も活用して、対象者の属性を問わない相談支援、多様な参加支援、地域づくりに向けた支援を一体的に行う重層的支援体制整備事業を実施する。

Ⅰ 相談支援事業

包括的な相談支援の体制
- 属性や世代を問わない相談の受け止め
- 多機関の協働をコーディネート
- アウトリーチも実施

子ども・子育て分野：利用者支援事業

Ⅱ 参加支援事業

つながりや参加の支援
- 既存の取組で対応できる場合は、既存の取組を活用
- 既存の取組ではできない狭間のニーズにも対応

Ⅲ 地域づくり支援事業

住民同士の顔の見える関係性の育成支援
- 世代や属性を超えて交流できる場や居場所の確保
- 多分野のプラットフォーム形成など、交流・参加・学びの機会のコーディネート

子ども・子育て分野：地域子育て支援拠点事業

厚生労働省資料より

第 1 章 利用者支援事業の創設と制度的な位置づけ

図表 1-8　地域におけるコーディネーターとして期待される専門職

分野	職名	根拠法・事業名	配置規模
子育て支援	利用者支援専門員	子ども・子育て支援法「利用者支援事業」	3,241 か所（令和 5 年）
障害児支援	障害児相談支援専門員	障害者総合支援法、児童福祉法「障害児相談支援」	25,067 人（令和 3 年）
困窮者支援	相談支援員	生活困窮者自立支援法「自立相談支援事業」	1,388 機関（令和 4 年）
高齢者支援	介護支援専門員（ケアマネジャー）	介護保険法	188,170 人（令和 2 年）
高齢者支援	地域支え合い推進員（生活支援コーディネーター）	介護保険法「地域支援事業」	第 1 層配置市町村 1,626 （令和 2 年）うち 2 人以上配置　　42　第 2 層配置市町村 1,126　うち 2 人以上配置　692

　これまで見てきた通り、利用者支援事業は、社会的なニーズに応えるために実践の広がりが期待されていました。新制度に位置づけられ、今後どのように普及していくかは、日本各地で実践していく過程で決まってくるともいえます。まずは事業の趣旨や理念の理解が重要になるでしょう。子育て家庭に必要なサービスを紹介するだけでなく、こどもや子育て家庭が課題を持っていても、誰かが寄り添って一緒に考えてくれる、支えてくれると思える地域づくりのために、利用者支援事業は他分野の動きとともに歩める可能性が広がってきました。実践を積み重ねながら、市町村ごとに配置される利用者支援専門員のネットワークづくりや研修の機会、またこども家庭センターや多様に配置されはじめた各分野のコーディネーターとともに連携・協働、評価を繰り返し深めていけるよう、環境を整えていくことが求められています。

利用者支援事業の概要

第 2 章 利用者支援事業の概要

第1節 事業の目的

> 一人一人のこどもが健やかに成長することができる地域社会の実現に寄与するため、こども及びその保護者等、または妊娠している方がその選択に基づき、教育・保育・保健その他の子育て支援を円滑に利用できるよう、必要な支援を行うことを目的とする。
>
> （利用者支援事業実施要綱：1）

1 事業の目的

　事業の大きな目的は、一人ひとりのこどもが健やかに成長することができる地域社会の実現に寄与するために、子育て家庭にとって身近な場所で相談に応じ、個別のニーズを把握して、その選択に基づき、適切な施設や事業等を円滑に利用できるよう支援することにあります。また、このような機能を果たすために日常的に地域の様々な関係機関や子育て支援団体とネットワークを構築し、不足している社会資源を開発していくことによって必要な支援を行うこととされています。

2 子育て家庭のニーズ把握と計画への反映

　市町村は、市町村の責務の1つとして市町村子ども・子育て支援事業計画の策定が義務づけられています。潜在的ニーズも含めて、子育て家庭の多様なニーズを把握し、見通しを持って多様な施設や事業等を組み合わせ、計画的に整備していくことになります。

　しかし、市町村全体としてのニーズ調査は、5年毎に策定される市町村子ども・子育て支援事業計画に合わせて行われており、毎年実施するのは容易ではないと思われます。従って、こどもおよびその保護者等、または妊娠している方がその選択に基づき、教育・保育・保健その他の子育て支援を円滑に利用できるよう、必要な支援を行うことを目的とする事業である利用者支援事業は、日常的に個々の家庭のニーズを把握できる貴重な事業であり、市町村子ども・子育て支援事業計画と、本事業は「車の両輪」のように機能することが期待されています。

3　利用者の選択の尊重

　一人ひとりのこどもや、個々の子育て家庭（妊娠中の方も含め）にとって、自分自身の困りごとを整理し、自ら多様な施設や事業等から必要なサービスを選択するのは必ずしも簡単なことではありません。子ども・子育て支援法の基本的な考え方は、保育の必要性の認定等に基づく保護者への個人給付が基本となり、市町村の関与はあるものの保護者の選択をこれまで以上に尊重する制度です。同様に、本事業では、妊娠期を含め、保護者自身の主体的な出産・子育ての実現を目指し、多様な制度や事業を円滑に活用できるよう、利用者の選択の尊重についてより明確化しています。

4　2つの柱　利用者支援と地域連携

　事業の目標である、一人ひとりのこどもが健やかに成長することができる地域社会の実現のために、個々の家庭のニーズを把握して、必要な地域の情報提供や社会資源につなぐ「利用者支援」と、個々の家庭につなぐ社会資源との連携や必要な資源を創り出す「地域連携」の働きが求められます。利用者支援機能を果たすために、日常的に地域の様々な子育て支援関係者とネットワークを構築していくことが重要です。

　つまり、個々の家庭のサポート体制を作っていく利用者支援事業は、その家庭に対して新たな地域とのつながりを作っていく取り組みであり、子育てを応援する社会資源を増やし子育てしやすい地域社会を作ることが期待されています。高齢者や障害者への支援と同様に、新たに必要とされる資源の開発、それらを有機的に結びつけるシステムなどを統合する関係者とネットワークの構築が求められています（図表2-1）。

図表2-1　「2つの柱　利用者支援と地域連携」

利用者支援	○子育て等に関する相談（＝個別ニーズの把握） 　※必要に応じてアウトリーチによる支援 個別ニーズに応じた ○教育分野等も含めたより幅広い情報収集、提供 ○施設・事業等の利用にあたっての助言・利用支援
地域連携	円滑な利用者支援実施のための ○関係機関との連絡・調整、連携、協働の体制づくり ○地域の子育て資源の育成、社会資源の開発

NPO法人子育てひろば全国連絡協議会「利用者支援事業の実践のために」、2014

第2章 利用者支援事業の概要

第2節

実施主体

実施主体は、市町村（特別区及び一部事務組合を含む。以下同じ）とする。
なお、市町村が認めた者へ委託等を行うことができる。

（利用者支援事業実施要綱：2）

1 実施主体は市町村

　本事業は、地域子ども・子育て支援事業の1つであることから、その実施主体は市町村（特別区及び一部事務組合を含む）となります。ただし、市町村が認めた者へ委託等を行うことができるとなっています。

2 市町村の責務

　市町村が委託するにあたって、本事業の適切な実施のために求められる要件は以下の通りとなっています。
　① 必要な研修を受講した従事者「利用者支援専門員」の配置（基本Ⅲ型を除く）
　② 適正かつ円滑に遂行できる体制づくり
　③ 「利用者支援専門員」の研修体制づくり
　④ 個人情報等の適切な管理
　⑤ 委託先に対して、本事業を適切に実施するために必要な情報提供
　⑥ 委託先の事業実施状況の把握や指導

　つまり、利用者支援事業は、こどもと保護者に対して常に最新情報の提供が求められており、事業の開始にあたっては、定期的な情報収集の機会や利用者支援専門員の研修体制等を市町村担当者と確認しておく必要があります。

第3節 事業の対象者

> 本事業の対象者は、本事業の各実施地域に居住する、教育・保育施設（認定こども園、幼稚園、保育所）や、地域型保育事業、地域子ども・子育て支援事業、その他の地域の子育て支援事業等を利用しようとしている小学校就学前子どもの子育て家庭を基本としつつ、地域の実情に応じて柔軟に運用される必要がある。
>
> （利用者支援事業ガイドライン：3）

1 妊娠期から学童期

　本事業の対象者は小学校就学前のこどもとその家庭を基本としつつ、柔軟に運用される必要があるとされています。また、図表2-2のようにライフサイクルと家庭の状況によって各類型毎に捉えることができます。「利用者支援事業ガイドライン」（以下「ガイドライン」という）に示される対象範囲を広く捉えれば、妊娠期から学童期までを対象と考えることができます。後述する本事業の類型毎の対象範囲も、ライフサイクルと家庭の状況に

図表2-2　利用者支援事業の対象範囲（利用者支援を中心に）

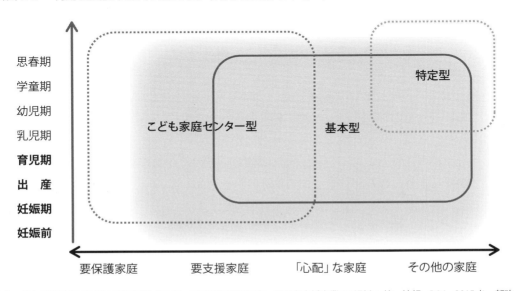

出典：柏女霊峰監修・著・橋本真紀編著『子ども・子育て支援新制度　利用者支援事業の手引き』第一法規、P.26、2015を一部改変

第 2 章 利用者支援事業の概要

応じて変化することが予想されます。ガイドラインにおいても、学童期のこどもを持つ家庭、特別な支援を要する可能性のあるこどもを持つ家庭、要支援家庭及び各種支援の場面で「心配」とされる家庭などの状況に応じて、18歳までのこどもとその保護者・家庭についても事業の対象者とし、必要に応じ、適切に対応することが必要であるとされています。さらに、こども家庭センターの創設により、こども家庭センター型については、要保護家庭や要支援家庭への支援の機能強化が求められることとなりました。

2 「心配」な家庭を予防的にコーディネート

　地域子育て支援拠点事業では、適切な情報提供があれば必要な社会資源を活用してこどもを育てられるような家庭から、支援が必要な「心配」な家庭まで幅広く利用されていることが把握されています（図表 2-3）。このような家庭は、地域子育て支援拠点事業のプログラムの中で講座に参加したり、ピアサポートやグループ活動を行う中で、自分自身でこどもの育ちを支えていけると考えられます。

　一方で、このような家庭の中には、自分の家庭が支援の対象になるとは捉えていない家庭や、不安を抱えつつも支援を受けることを望まない家庭、支援を受けたくない家庭などが含まれていると考えられます。専門職への相談は、子育てが上手くいかないと悩む親にとってはハードルが高い場合もあります。さらには、自分がどのような支援を必要としているのか、どこに相談すればよいのか「思いつかない」家庭もあるでしょう。このような家庭に対しては、その子育て家庭が安心して過ごせている地域のなじみの場所に支援者が出掛け（アウトリーチ）、その家庭に社会資源をつなぐ役割が求められる場合もあります。

　要保護家庭に対しては、要保護児童対策地域協議会等が社会資源の調整機能を果たしてきましたが、利用者支援事業のコーディネートとの違いを橋本[1]は以下のように述べています。

①　要支援や「心配」という段階で関わるため家庭側に社会資源とつながる力があり、ともに取り組む体制をつくりやすいこと
②　支えられる側が支える側になる支え合いが生じる可能性が高いこと
③　状況が整理されることで自分が何を必要としているかを理解し、自ら社会資源に働きかけるようになる可能性があること

　このように利用者支援事業は、要保護家庭を対象としたコーディネートに比べて、予防的なコーディネート機能を持つ事業である点が大きく異なります。

---

[1] 柏女霊峰監修・著・橋本真紀編著『子ども・子育て支援新制度　利用者支援事業の手引き』第一法規、2015

図表 2-3　地域子育て支援拠点事業等で出会う「心配」な家庭

事例1　夫からお金のことを厳しく管理されており自由に使うことができない。
事例2　これからは英語が大事だと思ったので、赤ちゃんに毎日聞かせているが、あまり抱っこしたことがない。
事例3　こどもがかわいく思えない。「将来、犯罪者になってしまうかもしれない」と職員に話す。
事例4　日本語が話せず、保育所に預けて働きたいが、待機児童が多くて難しいと説明を受け、それ以上のアクションが取れない。

第2章 利用者支援事業の概要

第4節 事業の内容

> 子ども・子育て支援法第59条第1号に基づき、こども又はその保護者の身近な場所で、教育・保育・保健その他の子育て支援の情報提供及び必要に応じ相談・助言等を行うとともに、関係機関との連絡調整等を実施する事業（以下「利用者支援事業」という。）。
>
> （利用者支援事業実施要綱：3）

　実施要綱には、「教育・保育・保健その他の子育て支援の情報提供及び必要に応じ相談・助言等を行う」という「利用者支援」と、「関係機関との連絡調整等を実施する」という「地域連携」の2つの内容が示されています。この「利用者支援」と「地域連携」の具体的な機能や基本姿勢については、第3章で解説することとし、ここでは事業内容の概要について紹介します。

1　利用者支援

　「利用者支援」とは、社会資源を利用者自身の選択に基づいて活用できるよう支援することです。地域子育て支援拠点等において実施する場合には、利用者自身が情報を入手しやすいよう掲示やファイル方法を考えることや、社会資源の情報を活用するための会を開催するなど、自らの力で理解し必要に応じて活用できるような環境やプログラムづくりが大切です。

　例えば、こどもの成長を見据え、春から外遊び中心のサークルに入ろうと考えている利用者に対して、タイミング良く複数のサークルの説明会を開催し、自らの選択に役立ててもらうなどです。前述の地域子育て支援拠点事業等で出会う「心配」な家庭の事例1「夫からお金のことを厳しく管理されており自由に使うことができない」のケースでは、まずはグループワークの中で、夫婦のパワーバランスが極端であることに気づいてもらったり、パパが参加できるプログラムにパートナーを誘うなど地域子育て支援拠点等のプログラムを活用することも有効であると考えられます。状況によっては、母親の就労支援としてマザーズハローワークにつなぐことも有効かもしれません。

　事例4「日本語が話せず、保育所に預けて働きたいが、待機児童が多くて難しいと説明を受け、それ以上のアクションが取れない」のケースでは、まずは一時預かりでお子さん

を預かり、就職活動をすることを提案できるかもしれません。また、ボランティアの通訳を紹介し、就職活動や保育サービスの申し込み書類の作成や同行ができる可能性もあります。外国にルーツがある家庭が増えている状況があれば、行政の各部署に散らばる多言語の説明書類を事前に集めておくことや担当者に話を聞くことが将来的に役立つ可能性があります。

このように、**利用者支援は、子育て家庭と地域双方に働きかけて、その家庭なりの子育てができるよう地域の中にサポート体制を構築していく営みです。**1つの成功事例が、情報の蓄積や実践の質を向上させ、その後の似たような案件に応用できるはずです。以下、具体的な取り組みとして、相談、情報収集及び提供、助言や利用支援が挙げられます。

（1）相談

利用者支援事業の相談と、他の相談はどのように違うのでしょうか。利用者支援は、子育て家庭の個別ニーズに沿ってサポート体制を作ることが目的です。従って、個別のニーズを把握し、子育て家庭とともにその家庭の状況を整理し見極めることから始めます。何か課題があれば、その課題を解決するために、利用者支援専門員と利用者は、課題に対してまなざしを合わせて対応を考えるという関係性になります。ただし、対象となる家庭が必ずしも自らのニーズを的確に認識できているとは限りません。従って、利用者が自分の家庭の状況を整理しやすくなるよう、話しやすい雰囲気づくりが重要であり、本事業が「こども及びその保護者の身近な場所」で実施する根拠ともなっています。地域子育て支援拠点など子育て家庭が日常生活を営む通いやすい場所、敷居の低い場所で相談することにより、本人の「不安感」「困り感」の根底にあるものは何か、何が必要なのかを整理し理解していくことから支援はスタートします。

一般の相談が、相談員と利用者の二者関係の中で、利用者自身の内省的な気づきに焦点化し直接相談員が働きかけるのに比べ、利用者支援は、家庭の日常的な相談から把握された個別ニーズに合わせて、どうしたらその家庭自身が自ら動き出せるのかを社会資源と家庭双方に働きかけてサポート体制を作ることに焦点化するといった違いがあります。

（2）情報収集及び提供

子育て家庭の個別ニーズに応じて、必要な情報提供を行うためには、まずは事前に地域の社会資源の情報を収集・蓄積し、整理しておくことが大切です（図表2-4）。さらに、子育てに関連し、隣接する他の領域である、例えば医療、保健、障害、外国にルーツのある家庭、貧困、ひとり親、就業等の支援に関する制度や社会資源などを整理しておくとよいでしょう。利用者支援事業を通じて、子育て家庭の個別ニーズに応じて支援を行うことで、必要な情報が重層的に蓄積されていくことが重要です。

また、個別の家庭を支援するためには、市町村事業など制度に位置づくフォーマルな社

会資源の情報収集に加えて、地域のインフォーマルな取り組みも含めた社会資源の情報収集を行い、利用者である子育て家庭に提供できるよう把握しておく必要があります。地域のインフォーマルな社会資源とは、例えば多胎児のサークル、低体重で生まれたこどものサークルなどの自助グループや学習支援や多文化共生ボランティアなどの支援団体、その他地域住民などが考えられます。地域の人々と子育て家庭をつなぐことは、地域の中で子育て家庭を支えるという関係性を作るだけでなく、多様で豊かな人間関係を提供することにもつながります。

　加えて、情報の提供にあたっては、利用者支援専門員が社会資源の特性をよく理解しておくことが重要です。同じこどもの預かり事業であったとしても、その特性や地域性などを理解して、家庭のニーズに合わせて提供することが求められます。そのためにも、社会資源の窓口となる担当者との日常的な情報交換や関わりが必要になってきます。

図表 2-4　情報収集・提供のポイント

☐　子育て領域の情報収集
☐　子育てに関連し、隣接する他の領域（医療、保健、障害、多文化交流、貧困対策、ひとり親支援、就業支援等）の情報収集
☐　地域のインフォーマルな社会資源の情報収集
☐　社会資源の特性を理解
☐　社会資源の窓口となる担当者との日常的な情報交換

（3）助言や利用支援

　利用者支援は、家庭がこどもを育てるための体制を、子育て家庭と地域双方に働きかけて、地域の中に構築していく営みです。従って、相談を受けて子育て家庭の悩みを直接的に解決する事業ではありません。そのため利用者支援における「助言」とは、施設や事業等の利用にあたって必要となる適切な行政窓口の紹介、子育て家庭の状況に応じた子育て支援に関する施設や事業等の提示、相談の内容を踏まえた、適切な専門機関やインフォーマルな子育て支援団体等への仲介、利用する社会資源の利用に対するメリット・デメリット、利用料の有無などを紹介し、一緒に検討するというような内容となります。

　「利用支援」とは、主に施設・事業の利用を支援すること。つまり、社会資源の案内や連絡先の紹介のみを示すことが、利用者支援における役割の１つです（コラム参照）。

　また、「助言」や「利用支援」にあたっては、実施要綱の留意事項にある通り、施設や事業等を利用するか否かや、利用する場合の施設・事業等の選択にあたっては、あくまでも子育て家庭が主体者であるという自己決定の尊重が求められています。

> **コ ラ ム ：「利用支援」と「利用者支援」はどう違う**
>
> 「利用支援」：主に施設・事業の利用を支援すること。案内や連絡先の紹介のみを示す。
> 「利用者支援」：相談、情報提供、利用支援を含む利用者を支援すること全般を示す。

2　地域連携

　「地域連携」とは、子育て家庭につなぐ地域の社会資源側に働きかける機能です。実施要綱には、「教育・保育施設や地域の子育て支援事業等を提供している関係機関との連絡・調整、連携、協働の体制づくりを行うとともに、地域の子育て資源の育成、地域課題の発見・共有、地域で必要な社会資源の開発等に努めること」と記されています。

　利用者支援専門員が、地域の社会資源に働きかけることで、個別の子育て家庭と社会資源がつながりやすくなります。また、専門員は、地域の子育て家庭が必要とする社会資源の提案を行ったり、地域の専門機関や地域の人々とともに協力して必要な社会資源を創り出すことも重要な役割です。

（1）関係機関との連絡・調整、連携、協働の体制づくり

　ガイドラインにおいては、関係機関との連絡・調整、連携について、関係機関等の代表者からなる代表者会議の定期的開催や、個別事例ごとに関係者が集まるケース会議等の随時開催等が例示されています。また利用者支援事業の事業者が要保護児童対策連絡協議会の構成員になることも可能としています。それは、利用者支援事業が子ども・子育て支援法に基づく市町村事業であることや、その機能・役割や業務内容について、関係機関に良く理解してもらい、関係構築を図ることが期待されているからです。

　一方で、前述の通り、利用者支援事業の対象者は、適切な情報提供があれば必要な社会資源を活用してこどもを育てられるような家庭から、支援が必要な「心配」な家庭の範囲です。

　少し「心配」という段階で関わるときには家庭側に社会資源とつながる力があることから、予防型のネットワーク構築の方がむしろ重要になってくると考えられます。また、一から新たにネットワークを構築するのではなく、既存のネットワークと連携を図り、複数のネットワークの橋渡しをする等、関係機関等の協働の体制づくりが期待されています。

　利用者支援専門員は、子育て家庭のニーズと地域の社会資源による支援が上手くかみ合うように、社会資源側に働きかけて対象範囲を広げてもらったり、子育て家庭のニーズを伝えるなど日頃からの関係構築に努めることが大切です。そのためには、地域の行事に出

利用者支援事業のための実践ガイド　025

第 2 章 利用者支援事業の概要

向いて挨拶を交わしたり、小さな情報交換を重ねて関係づくりをしながら、地域の中に連携・協働のネットワーク体制を整えていくことが重要です。

(2) 地域課題の発見・共有

　利用者支援事業を行う中で、地域の中に共通の課題を発見することがあります。例えば、地域子育て支援拠点事業の利用者は0、1歳児が多く、2歳児の過ごしやすい場所が少ないと誰もが指摘していることや、里帰り出産が減って特に支援が必要でないと考えられてきた家庭においても産後ケアや家事支援のニーズが高くなっていることなどです。また、保育所や認定こども園への就園が増加したことに伴い、送迎ニーズに対応するファミリー・サポート・センター事業のニーズが高まっているが、地域によっては提供会員がほとんどいないエリアがあるなどの課題が見つかるかもしれません。このように地域に共通するニーズは、他の関係機関や行政、子育て支援に関わる人々等に伝え、共有することで、政策や支援体制づくりに役立ててもらうことができます。

(3) 地域の子育て資源の育成や社会資源の開発

　前述のように、地域課題の発見や共有がなされたならば、必要とされる社会資源を作ったり、これまであった社会資源をより使いやすくするなど社会資源の開発や育成を支援する働きが必要となります。このような働きを通じて、子育てを支える地域の機運を高め、子育てしやすい地域づくりの体制を整えます。

　特に利用者支援事業は、既存の制度や社会資源の枠内に子育て家庭のニーズを合わせるのではなく、子育て家庭を中心においてオーダーメイドで必要となる支援を地域で提供できる体制を整えることに特徴があることを踏まえる必要があります。

　また、前述の通り、利用者支援の対象者の特徴として、少し心配な子育て家庭が必要な社会資源につながり、状況が整理されることで、支えられる側であったのが支える側になることもあります。多くの子育て関係の自助グループがそうであるように、地域に支援の循環を作っていくことが、利用者支援事業の重要な役割の1つです。

第5節 地域資源

　利用者支援専門員は、事業の目的である利用者の選択に基づき、地域資源の円滑な利用につながるよう必要な支援を行うことが求められています。そのため、専門員は地域資源について十分に把握、理解しておく必要があります。

　ここでは社会福祉の援助過程で用いられてきた社会資源のうち、子ども・子育て支援に関する身近な社会資源を地域資源と捉えます。ただ、近年では、複合的なニーズを有する子育て家庭への支援も求められており、本節で示す子ども・子育て支援に関わる地域資源のみならず、高齢者、障害者、生活困窮者、外国籍等に関わる地域資源の把握と理解も必要です。

1　社会資源とは

　社会資源とは、利用者のニーズを充足させるために活用されるあらゆる物的・人的資源を総称したものとされています。具体的には、各種制度・サービス、人材、組織・団体、施設、備品、資金、情報、知識・技能、ネットワークなどが考えられます。

　そして、社会資源は法律等で定められた制度化されているフォーマルな社会資源と、制度化されていない社会資源の2つに分類されています。フォーマルな社会資源には、保育所のような福祉施設や児童手当などが該当します。また、インフォーマルな社会資源は、家族・親族、ボランティア活動などがあげられます。利用者支援事業ガイドラインには、「子ども・子育て支援法上の施設・事業だけでなく、隣接する他領域のフォーマルな事業や地域のインフォーマルな取り組みも活用し、オーダーメイドでコーディネートとされる必要がある」と記載されています。

　子育てについては、家族や親族によるインフォーマルな営みが主流でしたが、少子化や核家族化、仕事と家庭の両立支援の拡充策として徐々にフォーマルな社会資源が増えてきました。とりわけ安定的な財源である消費税を活用してスタートした2015（平成27）年施行の子ども・子育て支援新制度は、様々な就学前の教育・保育給付に基づく施設や事業、地域子ども・子育て支援事業を制度化しました。さらに、2023（令和5）年に施行された「こども基本法」においては、こども施策の基本理念として「全てのこども」を対象とすることが強調され、妊娠期からの切れ目ない支援や学齢期における支援の拡充が図られています。しかし、それでも制度の狭間にあるこどもや子育て家庭は多く、サービスの利用支援

利用者支援事業のための実践ガイド　027

をさらに促進するとともに、インフォーマルな社会資源の活用・育成が求められている現状があります。

コ ラ ム：社会資源とは

　社会資源とは、ソーシャルワーク実践において活用される人、物、お金、情報、制度・サービス等の総称である。

　援助のための社会資源としては、「フォーマルサービス」と「インフォーマルサポート」に分類することができる。

　「フォーマルサービス」とは、公費を主な財源とする制度化されたサービスのことである。

　「インフォーマルサポート」とは、基本的には制度にもとづかない地域における支え合い活動のことである。

　実際には、双方の組み合わせ、長所と短所を補完する形で活用することが望ましい。

出典：岩間伸之「福祉サービスの活用の視点（Unit9）」

岩間伸之・原田正樹『地域福祉援助をつかむ』有斐閣、2012

2　地域における社会資源の把握と連携

　支援員は、利用者が住む生活圏域の社会資源の把握に努めることから始めます。さらに専門員は、社会資源について把握、理解しておくことに加えて、具体的に連絡し合える関係構築づくりなど実質的な連携をしておくことが求められます。橋本は連携やネットワークの意義は、地域の社会資源がつながり協力することで、お互いの機能を補い合う点にあるとしています。したがって各機関や活動団体の固有の機能と限界を把握し、その役割と範囲を明確に理解しておくことで、専門員は責任をもって業務を遂行することが可能となり、場合によっては他の機関や団体に委ねていくこともできます。

3　利用者支援事業に関わるフォーマルな社会資源

　子ども・子育て支援に関する主なフォーマルな社会資源について、以下に示していますが、制度の概要のみならず、各事業が成立してきた法的位置づけ、制度化されてきた経緯や政策的背景についても理解しておく必要があります（図表 2-5）。

図表 2-5　子ども・子育て支援制度の概要

	市町村主体			国主体
現物給付	**子どものための教育・保育給付** ◎施設型給付費 • 認定こども園 • 幼稚園 • 保育所 ◎地域型保育給付費 • 小規模保育 • 家庭的保育 • 居宅訪問型保育 • 事業所内保育	**子育てのための施設等利用給付** ◎施設等利用費 • 施設型給付を受けない幼稚園 • 特別支援学校 • 預かり保育事業 • 認可外保育施設等	**地域子ども・子育て支援事業** ①利用者支援事業 ②延長保育事業 ③実費徴収に係る補足給付を行う事業 ④多様な事業者の参入促進・能力活用事業 ⑤放課後児童健全育成事業 ⑥子育て短期支援事業 ⑦乳児家庭全戸訪問事業 ⑧養育支援訪問事業 　子どもを守る地域ネットワーク機能強化事業 　子育て世帯訪問支援事業 　児童育成支援拠点事業 　親子関係形成支援事業 ⑨地域子育て支援拠点事業 ⑩一時預かり事業 ⑪病児保育事業 ⑫子育て援助活動支援事業 　（ファミリー・サポート・センター事業） ⑬妊婦健診 ⑭産後ケア事業	**仕事・子育て両立支援事業** • 企業主導型保育事業 • 企業主導型ベビーシッター利用者支援事業 • 中小企業子ども・子育て支援環境整備事業
現金給付	**児童手当等交付金**			

こども家庭庁資料より

（1）教育・保育施設

①保育所

　保育を必要とする乳幼児を日々保護者の下から通わせて保育を行うことを目的とする施設（利用定員が 20 人以上であるものに限り、幼保連携型認定こども園を除く。）保育の必要量によって「保育標準時間（11 時間）」「または「保育短時間（8 時間）」に区分され、それぞれの時間を超える際には「延長保育」となる。

②幼稚園

　学校教育法に基づき、満 3 歳から小学校就学までの幼児に対して教育を行う施設。1 日の標準時間は 4 時間とされているが、それを超えて「預かり保育」を行う施設も増えている。

③認定こども園

　就学前のこどもに対する保育および幼児教育の双方を行うとともに、保護者に対する子育て支援の提供も行う施設。幼保連携型、幼稚園型、保育所型、地方裁量型がある。

（2）地域型保育事業

①小規模保育事業

国が定める最低基準に適合した施設で、主に 0 ～ 2 歳児を対象として実施する定員 6 ～ 19 人の少人数の保育事業。

②家庭的保育事業

家庭的保育者（市町村長が行う研修を修了した者）が自宅等家庭的な雰囲気の下で、主に 0 ～ 2 歳児を対象として実施する少人数（定員 5 人以下）の保育。通称「保育ママ」として、大都市圏を中心に発展してきた事業。

③居宅訪問型保育事業

障害・疾患などで個別のケアが必要な場合や、施設がなくなった地域で保育を維持する必要がある場合などに保護者の自宅で、1 対 1 で保育する訪問型の事業。

④事業所内保育事業

会社の事業所の保育施設などで、従業員のこどもと地域のこどもを一緒に保育する事業。

（3）地域子ども・子育て支援事業

①利用者支援事業

こどもおよびその保護者等の身近な場所で、教育・保育・保健その他の子育て支援の情報提供および必要に応じ相談・助言等を行うとともに、関係機関との連絡調整等を実施する事業。

②延長保育事業

保育認定を受けたこどもについて、通常の利用日および利用時間以外の日および時間において、認定こども園、保育所等において保育を実施する事業。

③実費徴収に係る補足給付を行う事業

保護者の世帯所得の状況等を勘案して、特定教育・保育施設等に対して保護者が支払うべき日用品、文房具その他の教育・保育に必要な物品の購入に要する費用または行事への参加に要する費用等、特定子ども・子育て支援に対して保護者が支払うべき食事の提供（副食の提供に限る）にかかる費用を助成する事業。

④多様な事業者の参入促進・能力活用事業

特定教育・保育施設等への民間事業者の参入の促進に関する調査研究その他多様な事業者の能力を活用した特定教育・保育施設等の設置または運営を促進するための事業。

⑤放課後児童健全育成事業

保護者が労働等により昼間家庭にいない小学校に就学している児童に対し、授業の終了後に小学校の余裕教室、児童館等を利用して適切な遊びおよび生活の場を与えて、その健全な育成を図る事業。

⑥子育て短期支援事業

　保護者の疾病等の理由により家庭における養育が一時的に困難となった児童について、児童養護施設等において必要な養育・保護を行う事業（短期入所生活援助事業（ショートステイ事業）および夜間養護等事業（トワイライトステイ事業））。

⑦乳児家庭全戸訪問事業

　生後４か月までの乳児のいる全ての家庭を訪問し、子育て支援に関する情報提供や養育環境等の把握、育児に関する不安や悩みの相談を行う事業。

⑧－１　養育支援訪問事業

　養育支援が特に必要な家庭に対して、保健師や助産師、保育士が居宅を訪問し、養育に関する相談に応じ、指導や助言等により養育能力を向上させるための支援を行う事業。

⑧－２　子どもを守る地域ネットワーク機能強化事業

　要保護児童対策地域協議会の機能強化を図るため、要保護児童対策調整機関職員やネットワーク構成員（関係機関）の専門性強化と、ネットワーク機関間の連携強化を図る取組を行う事業。

⑧－３　子育て世帯訪問支援事業（令和６年度より）

　家事・子育て等に対して不安や負担を抱える子育て家庭、妊産婦、ヤングケアラー等がいる家庭を訪問支援員が訪問し、傾聴、家事・子育て等を実施することで、養育環境を整える事業。

⑧－４　児童育成支援拠点事業（令和６年度より）

　養育環境等に課題を抱える、家庭や学校に居場所のない児童等に対して、居場所となる場を開設し、生活習慣の形成や学習のサポート、食事の提供等を行うとともに、状況に応じた支援を包括的に提供する事業。

⑧－５　親子関係形成支援事業（令和６年度より）

　児童との関わり方や子育てに悩みや不安を抱えている保護者や児童に対し、講義やグループワーク、ロールプレイ等を通じて、児童の心身の発達の状況等に応じた情報の提供、相談および助言を実施するとともに、保護者同士が相互に悩みや不安を相談・共有することにより、親子間における適切な関係性の構築を図る事業。

⑨地域子育て支援拠点事業

　乳幼児およびその保護者が相互の交流を行う場を提供し、子育てについての相談、情報の提供、助言その他の援助を行う事業。

⑩一時預かり事業

　家庭において保育を受けることが一時的に困難となった乳幼児について、主として昼間において、認定こども園、幼稚園、保育所、地域子育て支援拠点その他の場所において、一時的に預かり、必要な保護を行う事業。

⑪**病児保育事業**

　病児について、病院・保育所等に付設された専用スペース等において、看護師等が一時的に保育等する事業。「病児対応型・病後児対応型」「体調不良児対応型」「非施設型（訪問型）」の３種類がある。

⑫**子育て援助活動支援事業（ファミリー・サポート・センター事業）**

　乳幼児や小学生等の児童を有する子育て中の保護者を会員として、児童の預かり等の援助を受けることを希望する者と当該援助を行うことを希望する者との相互援助活動に関する連絡、調整を行う事業。

⑬**妊婦健診**

　妊婦の健康の保持および増進を図るため、妊婦に対する健康診査として、①健康状態の把握、②検査計測、③保健指導を実施するとともに、妊娠期間中の適時に必要に応じた医学的検査を実施する事業。

⑭**産後ケア事業（令和７年度より）**

　退院直後の母子に対して、助産師、保健師または看護師等が心身のケアや育児のサポート等きめ細かい支援を行い、産後も安心して子育てができる支援体制の確保を行う事業。「宿泊型」「デイサービス型」「アウトリーチ型」がある。

（4）仕事・子育て両立支援事業

①**企業主導型保育事業**

　事業所内保育を主軸として、多様な就労形態に対応する保育サービスの拡大を支援するため設置・運営費を助成する保育事業。

②**企業主導型ベビーシッター利用者支援事業**

　事業主等に雇用されている労働者等が、乳幼児または小学校３年生までの児童等に対してベビーシッターを利用した場合、その料金の割引券を交付する事業。

③**中小企業子ども・子育て支援環境整備事業**

　労働者の育児休業等の取得を促進するなど、事業主に助成金を支給することで、企業における子ども・子育て支援環境の整備、仕事と子育ての両立を推進する事業。

（5）主な児童福祉施設

①**助産施設**

　経済的理由により入院助産を受けることができない妊産婦が入所し、助産を受けられる施設。

②**乳児院**

　さまざまな家庭の事情で保護者の養育が受けられない乳幼児を保護し、養育や退院後の援助を行うことを目的とした施設。

③母子生活支援施設

配偶者のいない女子やそれに準ずる事情にある女子とその児童が暮らす施設。保護するとともに自立を促すための生活支援を提供し、さらに退所後の相談・援助も行う。

④児童厚生施設（児童館）

地域において児童に健全な遊びを与えて、その健康を増進し、情操を豊かにすることを目的とした施設。

⑤児童養護施設

保護者のない児童や虐待されている児童等さまざまな理由により家庭で生活ができない児童を入所させて養護する施設。あわせて退所した者に対する相談や自立のための援助を行う。

⑥児童発達支援センター

主に就学前の障害児とその家族に対して地域の中核的な支援機能を担う施設。

⑦児童家庭支援センター

児童の福祉に関する問題について、家庭からの相談に応じ、必要な助言や援助を行う施設。保護を要する児童やその保護者への指導や、児童相談所等との連携調整も行う。

（6）その他の施設や制度

①児童相談所

こどもに関する家庭などからの相談に応じ、こどもが有する問題やニーズ、おかれた環境の状況等を的確に捉え、こどもや家庭に適切な援助を行い、こどもの福祉を図るとともに、その権利を擁護することを目的とした機関。

②福祉事務所

生活保護、児童福祉、高齢者福祉、障害者福祉、母子および父子・寡婦福祉に関する援護、育成・更生の措置に関する事務を行う行政機関。

③療育機関

障害のあるこどもに対し、身体的・精神的機能の適正な発達を促し、日常生活および社会生活を円滑に営めるようにするために行う、福祉的、心理的、教育的および医療的な援助を行う施設。児童発達支援、放課後等デイサービス、障害児入所施設等、通所型と入所型がある。

④指定障害児相談支援事業所

障害のあるこどもが障害児通所支援を利用する前に、障害児支援利用計画を作成し、一定期間ごとにモニタリングを行い、必要に応じて利用計画の見直し等の支援を行う。

⑤教育委員会

都道府県・市町村に設置されている学校教育や社会教育・文化・スポーツに関する方針を決めて実際に管理・運営する合議制の執行機関。

利用者支援事業のための実践ガイド　033

⑥社会福祉協議会

民間の社会福祉活動を推進することを目的とした、地域住民の福祉ニーズに応じた多岐にわたる活動を行っている営利を目的としない民間組織。

⑦民生委員・児童委員

民生委員は、厚生労働大臣から委嘱され、各地域において住民の立場にたって相談に応じ、必要な援助を行い、社会福祉の増進に努め、児童委員を兼ねる。児童委員は、地域の親子を見守り、子育ての不安や妊娠中の心配事などの相談・支援等を行う。

⑧主任児童委員

民生委員・児童委員の中で、こどもに関することを専門的に担当し、児童福祉関係機関と児童委員との連絡・調整の業務を行う。

4　自治体独自の事業や子育てを支えるインフォーマルな社会資源

国の制度に紐づかない自治体独自の社会資源についても把握しておく必要があります。自治体独自の事業は、地域ニーズを捉え、地域の社会資源の状況を踏まえて実施されているケースがあります。例えば、産前産後の家事育児支援サービス等は、要支援家庭でなくても利用できる市町村独自の事業となっている場合もあります。また、こどもたちが自由に主体的に遊ぶ場であるプレイパーク活動に、市町村が助成しているケースも増えてきました。

さらに、住民や当事者主体のインフォーマルな活動の把握や育成を意識しておくことが重要です。しかしインフォーマルな活動の特徴は、時々の必要性に応じて行われており短期間で終了してしまったり、内容が変わってしまったりする点です。そのため情報を確認し更新しながら、常に育成も意識しておく必要があります。利用者支援事業（基本型）における相談支援の特徴は、地域連携等によって予防的機能を担う機能があり、公的機関に属する専門職による相談とは異なる点を踏まえれば、地域のインフォーマルな資源の把握・育成が特に重要であることが理解できると思います。

地域のインフォーマルな活動としては、以下のような活動があります。

①当事者団体

特定の同じ社会問題をかかえる個人らが結成した社会的な団体。子育ての分野では、特定の疾患や障害をもつこどもの親の会や低出生体重児の親の会等がある。

②子育てサークル

親子の友だちづくりや交流を目的として、親同士が行っている活動。

③地域の子育て支援団体

　地域の住民たちをメンバーとして、自主的に行われている支援団体。子育てサロン等を開催する支援団体、こども食堂を運営する団体、ＳＮＳや発行物等を活用して情報発信する団体、プレイパークや外遊び等の活動団体、こどもの体験活動を推進している団体、絵本を読む会、音楽グループ、託児グループ、学習支援団体、おもちゃの修理等、多彩な支援団体が存在する。

④子育て支援ボランティア

　地域の親子の交流の場やイベント等で活動する等、地域情報に詳しい個人で活動するボランティア。また、通訳・翻訳ボランティア、災害時の救急ボランティア等専門性を活かして行う子育て支援ボランティアも存在する。

第2章 利用者支援事業の概要

第6節 事業の類型

「基本型」、「特定型」、「こども家庭センター型」、「妊婦等包括相談支援事業型」の4類型は、市町村の規模や地域の実情に応じて、どの類型をどのように実施するかはそれぞれの市町村にゆだねられています。大きな自治体では、4類型を連携良く実施することで対象者のニーズに応えていくことも考えられますし、人口規模の小さな自治体では、1つまたは2つの類型の組み合わせで展開していくことも考えられます。それぞれの市町村の実情に応じて、利用者支援事業が効果的に実施されることが重要です。

1 事業の類型

（1）基本型

基本型は、「利用者支援」と「地域連携」の2つの機能を持ち、それらの働きを関連づけながら包括的に子育て家庭を支援する類型です。子育て家庭と地域の社会資源双方に働

図表 2-6　利用者支援事業の機能と役割

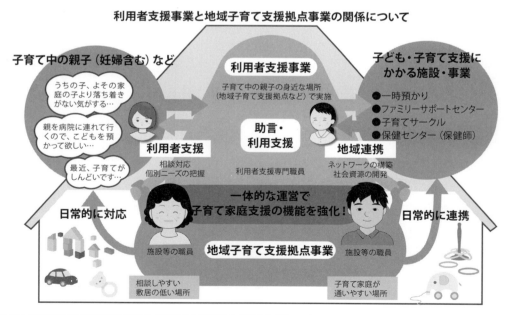

NPO法人子育てひろば全国連絡協議会「利用者支援事業の実践のために」、2014

きかけて、子育て家庭が地域の中でその人なりの子育てができるよう、子育て家庭にとって身近な場所で寄り添い型の支援を行うことが求められています。

　子育て家庭にとって身近な場所としては、幅広く子育ての交流の場や子育てに関する相談に応じてきた地域子育て支援拠点などが、基本型の重要な一翼を担うことが期待されています。地域子育て支援拠点事業と利用者支援事業は、それぞれ独立した別事業になりますが、現場においては連携良く運営され、子育て家庭支援の機能を強化することで、両事業の真価が発揮されると考えられます。基本型は、市町村の規模や状況に大きく左右されることなく、子育て家庭を包括的に支援する事業であることから、全国での実施が想定されています。

　2024（令和6）年度より、基本型は、Ⅰ型、Ⅱ型、Ⅲ型に細分化されています。基本Ⅰ型は、これまでの基本型の要件に加えて週に5日以上開所しているもの、基本Ⅱ型は、これまでの基本型の要件に加えて開所日数が週5日に満たないもの、基本Ⅲ型は、保育所や地域子育て支援拠点などの既存施設・事業において配置されている職員のみで、「こども家庭センター連携等加算」の要件を満たすものとなっています。

（2）特定型

　特定型は、保育所等の利用を希望する利用者の相談に応じ、「ガイド役」として施設や事業を円滑に利用できるよう支援する類型です。主として、市町村窓口において、支援が必要な子育て家庭に対して相談、情報提供を行い、適切な施設や事業などを紹介します。紹介する施設や事業と担当者の連携は、市町村の連携会議等を活用することが想定されています。

　特定型は、施設や事業のガイド役ではありますが、利用者とのやり取りの中で、利用希望の背景にある真のニーズが見えてくることも想定されます。特定型の利用者支援専門員においても第3章で詳述するような基本的姿勢を十分理解した上で、利用者に対応することが求められます。

（3）こども家庭センター型

　こども家庭センター型は、母子保健と児童福祉が連携・協働して、すべての妊産婦、こどもとその家庭を対象に、妊娠期から子育て期にわたるまでの母子保健や育児に関する様々な悩み等を円滑に対応するため、保健師等が専門的な見地から相談支援等を実施するとともに、より専門的な対応や必要な調査、訪問等による継続的なソーシャルワーク業務等を行うことで、妊娠期から子育て期にわたるまでの切れ目ない支援や虐待への予防的な対応から個々の家庭に応じた切れ目ない対応など市町村としての相談支援体制を構築する事業となっています。併せて、特定妊婦、産後うつ、障害がある人への対応や地域資源の開拓など、多様なニーズに対応できるような体制整備を行うとされています。

第 2 章 利用者支援事業の概要

　また、実施場所については、従来「子育て世代包括支援センター」が担ってきた母子保健機能と、従来「市区町村子ども家庭総合支援拠点」が担ってきた児童福祉機能の両面からの支援が一体的に提供される専門的な支援機能を有する施設・場所となっています。ただし、必ずしも 1 つの施設・場所において 2 つの支援機能を有している必要はなく、一体的な支援が行われれば、それぞれの施設・場所をこども家庭センターと位置づけることができるとなっています。

（4）妊婦等包括相談支援事業型

　妊婦等包括相談支援事業型は、2025（令和 7）年より、児童福祉法に基づく「妊婦等包括相談支援事業」を実施し、こどもと子育て家庭への伴走型相談支援を行うために創設されました。妊婦等包括相談支援事業（伴走型相談支援）は、基本型、こども家庭センター型においても実施が可能となっています。

図表 2-7　利用者支援事業の類型

基 本 型	こども家庭センター型
●利用者支援 　地域子育て支援拠点等の身近な場所で、子育て家庭等から日常的に相談を受け、個別のニーズ等に基づいて、子育て支援に関する情報の収集・提供、子育て支援事業や保育所等の利用に当たっての助言・支援を行う。 ●地域連携 　利用者が必要とする支援につながるよう、地域の関係機関との連絡調整、連携・協働の体制づくりを行うとともに、地域の子育て資源の育成や、地域で必要な社会資源の開発等を行う。 **職員配置**　専任職員（利用者支援専門員）を1名以上配置	●母子保健機能（旧子育て世代包括支援センター）及び児童福祉機能（旧子ども家庭総合支援拠点）の一体的な運営を通じて、妊産婦及び乳幼児の健康の保持及び増進に関する包括的な支援及び全てのこどもと家庭に対して虐待への予防的な対応から個々の家庭に応じた支援まで、切れ目なく対応する。 **職員配置**　統括支援員や、主に母子保健等を担当する保健師等、主に児童福祉（虐待対応を含む）の相談等を担当する子ども家庭支援員等　など
特 定 型	妊婦等包括相談支援事業型
●主として市町村の窓口で、子育て家庭等から保育サービスに関する相談に応じ、地域における保育所や各種の保育サービスに関する情報提供や利用に向けての支援などを行う。 **職員配置**　専任職員（利用者支援専門員）を1名以上配置	●児童福祉法第6条の 3 に基づく「妊婦等包括相談支援事業」を実施するため、伴走型相談支援を行う。 **職員配置**　保健師、助産師の専門職　など

こども家庭庁資料より

2　基本型とこども家庭センター型の関係

　利用者支援事業創設時においては、基本型、母子保健型いずれの機能も重要であるため地域の実情に応じて、両類型を一体的に実施し、妊娠・出産期から子育て期にわたる総合的相談や支援をワンストップで行えるよう、ワンストップ拠点（子育て世代包括支援センター）を整備することが求められました。そのため、利用者支援事業基本型を実施している事業所も「子育て世代包括支援センター」と位置付けられたところもありました。しかし、こども家庭センター型が創設されるにあたり、基本型とこども家庭センター型については特定型も含めて以下の整理となっています。

> ・利用者支援事業に従事する者は、利用者支援事業の実施場所の施設や市町村窓口などの担当者等と相互に協力し合うとともに、利用者支援事業の円滑な実施のために一体的な運営体制を構築すること。
> ・各類型は、それぞれ特徴が異なり、いずれの機能も重要であることから、地域の実情に応じて、それぞれの充実に努めること。また、各類型の所管課が異なる場合には、日頃から各所管課同士の連携などに努めること。
> （利用者支援事業実施要綱：6（2）、（3））

3　地域子育て相談機関とこども家庭センターの関係

　2022（令和4）年6月に成立し、2024（令和6）年4月より施行されている改正児童福祉法によって位置づけられた「地域子育て相談機関」においては、原則、利用者支援事業基本型の職員を配置することとなったことから、次に地域子育て相談機関とこども家庭センターの関係を整理してみました。

（1）地域子育て相談機関の概要
①目的
　地域子育て相談機関は、利用者にとって敷居が低く、物理的にも近距離に整備され、子育て世帯との接点を増やすことにより、子育て世帯の不安解消や状況把握の機会を増やすことを目的としたものです。子育て世帯の中には、行政機関であるこども家庭センターに直接相談することに抵抗感がある家庭もあり得ることから、地域子育て相談機関がこども家庭センターを補完することが期待されて設置されました。

第 2 章 利用者支援事業の概要

②実施主体と実施場所

　実施主体は市町村で、市町村が認めた者への委託が可能です。また、実施場所は、保育所、幼稚園、認定こども園、地域子育て支援拠点事業の実施場所、児童館等が想定されています。

③設置区域

　中学校区に 1 か所を目安に設定しつつ、地域の実情に応じて設置

④対象

　すべての妊産婦およびこどもとその家庭（里親および養子縁組を含む）

⑤事業内容

- 各家庭が 1 つ以上の地域子育て相談機関を登録するよう積極的に働きかける
- 相談支援
- 子育て世帯に関する情報発信
- 子育て世帯とつながる工夫
- 関係機関との連携

⑥利用者情報の管理

- 市町村は、地域子育て相談機関に対して、共通の相談記録の様式を提示すること
- こども家庭センターなどの関係機関との円滑な連携のためには、連携する情報のもととなる記録の作成・管理が重要であり、地域子育て相談機関においては利用履歴および相談記録を保存するものとし、各種関係機関につなぐ際には、必要に応じて相談記録等を共有すること

⑦職員配置

- 利用者支援事業基本型の職員を原則とする。ただし、既存施設に委託等を行う場合は、既存施設において業務内容および実施体制を満たすことが可能と市町村が認めた場合はこの限りではない。

⑧補助形態および補助要件

　Ⅰ型：利用者支援事業（基本型）の要件に加えて開所日数の要件（週 5 日以上）

　Ⅱ型：利用者支援事業（基本型）の要件に加えて開所日数の要件（週 5 日未満）

　Ⅲ型：保育所や地域子育て支援拠点などの既存施設・事業において配置されている職員のみで、基本型の「こども家庭センター連携等加算」の要件を満たす場合

（2）こども家庭センターの概要

①目的

　「こども家庭センター」は、従来の「子育て世代包括支援センター」と「市区町村子ども家庭総合支援拠点」が果たしてきた機能を引き続き活かしながらも、一体的な組織として子育て家庭に対する相談支援を実施することにより、母子保健・児童福祉の両機能の連携・協働を深め、子育てに困難を抱える家庭に対して、切れ目なく、漏れなく対応することを

目指し、「家庭支援事業」をはじめとする地域資源を有機的に組み合わせた具体的な支援を届けていくための中核的機能を担っていくことが期待されて設置されました。

②業務内容
- 地域のすべての妊産婦・子育て家庭に対する支援業務
- 支援が必要な妊産婦や子育て家庭への支援業務
- 地域における体制づくり

③必要な要件
- 母子保健機能および児童福祉機能双方の機能の一体的な運営を行うこと。
- 母子保健機能および児童福祉機能における双方の業務について、組織全体のマネジメントを行う責任者である、センター長をこども家庭センター1か所 あたり1名配置すること（小規模自治体等、自治体の実情に応じてセンター長は統括支援員を兼務することができる）。
- 母子保健機能および児童福祉機能における双方の業務について十分な知識を有し、俯瞰して判断することのできる統括支援員をこども家庭センター1か所あたり1名配置すること。
- 児童福祉法第10条の2第2項および母子保健法第22条第1号〜第4号に規定する業務を行うこと。
- 当該施設の名称は「こども家庭センター」（またはこれに類する自治体独自の統一的名称）を称すること。

図表2-8　こども家庭センターの組織イメージ

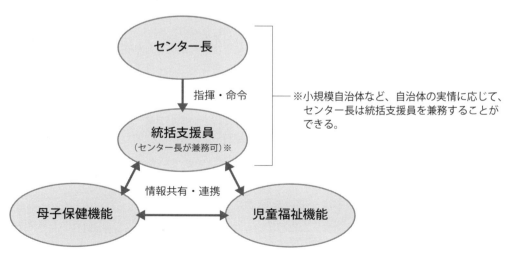

出典：こども家庭庁「こども家庭センターガイドライン」（令和6年3月）

（3）こども家庭センターとの連携

　地域子育て相談機関の設置運営要綱においては、必要に応じてこども家庭センターとの連絡調整を行うこと、特に行政機関であるこども家庭センターに直接相談することに抵抗感がある家庭を想定して、こども家庭センターを補完する役割が求められています。

　また相談や面談を行う中で、行政の支援や専門的な情報提供が必要な場合には、本人の同意を得たうえで、こども家庭センターに情報共有し、サポートプランの作成や必要な支援につなげていくとともに、こども家庭センターや関係機関と共同して継続的な地域の見守りを行うことが期待されています。

　利用者支援事業の実施要綱においても、こども家庭センター型の業務として、こども家庭センターは、「地域子育て相談機関」と必要に応じて定期的な情報共有を行うなど、綿密に連携を図るものとする、と記載されています。

図表 2-9　地域子育て相談機関とこども家庭センター

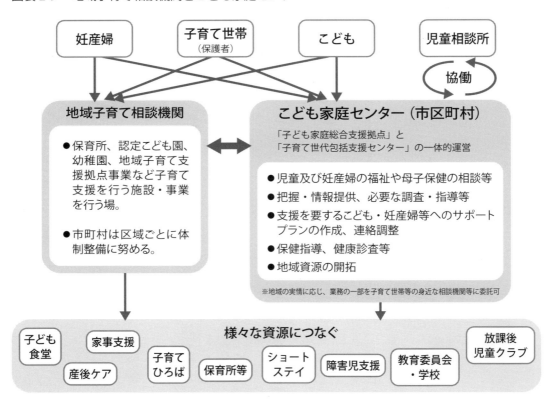

こども家庭センターは、（中略）「地域子育て相談機関」と必要に応じて定期的な情報共有を行うなど、密接に連携を図るものとする。

（利用者支援事業実施要綱：4（3）⑤ウ）

また同様に、こども家庭センターガイドラインには、以下のように記載されています。

　こども家庭センターは、市役所等の行政機関に隣接されることが想定され、妊産婦・子育て家庭から物理的・心理的距離があり、相談のハードルが高いことが想定される。このため、以前から身近な交流・相談の場として実施してきた地域子育て支援拠点事業所や利用者支援事業所、住民の身近に設置されている保育所や幼稚園、認定こども園などの様々な社会資源を「地域子育て相談機関」として活用し、中核的な相談機関であるセンターに適切に情報共有・連携することで、地域において気軽に相談を行える体制を構築することが重要である。

（こども家庭センターガイドライン：第1章第4節3（4））

また、地域子育て相談機関が、こども家庭センターと連携するにあたっては、以下の加算の対象となります。

　地域の住民にとって、身近な相談機関の整備を推進するため、児童福祉法第10条の3第1項及び地域子育て相談機関設置運営要綱に基づく地域子育て相談機関として、相談及び助言を行うほか、同法第10条の2に基づくこども家庭センターとの連絡調整など必要な取組を実施する場合（令和5年度以前に一体的相談支援機関連携等加算の対象となっており、地域子育て相談機関となることが見込まれる場合を含む。）、別途加算の対象とする。

（利用者支援事業実施要綱：4（1）④サ）

　以上、解説してきたように、市町村は児童福祉と母子保健の中核的機能を果たす機関としてこども家庭センターの設置に努めることとなり、さらに補完する機能として子育て家庭に敷居の低い地域子育て相談機関の整備も期待されています。そして、こども家庭センターも地域子育て相談機関もその整備や運営に利用者支援事業の補助金が活用されているということは重要な点です。

　市町村は、両機関との連携を図り、これまで以上に地域のこども・家庭支援の包括的支援体制を構築していくことが期待されているといえます。

図表 2-10　利用者支援事業実施要綱の概要（令和 6 年こども家庭庁・文部科学省通知より）

	基本型	特定型
目的	こども及びその保護者等が、教育・保育施設や地域の子育て支援事業等を円滑に利用できるよう、身近な場所において、当事者目線の寄り添い型の支援を実施する。	待機児童の解消等を図るため、行政が地域連携の機能を果たすことを前提に主として保育に関する施設や事業を円滑に利用できるよう支援を実施する。
実施場所	主として身近な場所で、日常的に利用でき、かつ相談機能を有する施設	主として市町村窓口 ※ただし、待機児童がいる等実施要件あり
職員の配置等	• 子育て支援員基本研修及び子育て支援員専門研修の利用者支援事業基本型専門研修を修了していること^{（*）} • 実務経験 (a)保育士、社会福祉士、その他対人援助に関する有資格者の場合 - 1 年 (b)(a)以外のもの - 3 年 • こども家庭ソーシャルワーカー • 1 事業所 1 名以上の配置 （補助職員の配置可）	• 子育て支援員基本研修及び子育て支援員専門研修の利用者支援事業特定型専門研修を修了していることが望ましい。 • 1 事業所 1 名以上の配置 （補助職員の配置可）
業務内容	基本Ⅰ型及び基本Ⅱ型は、以下のア〜サの業務を実施するものとし、基本Ⅲ型は「地域子育て相談機関の設置運営等について」6. 業務内容に記載する業務を実施するものとする。 ア 利用者の個別ニーズを把握し、それに基づいて情報の集約・提供、相談、利用支援等を行うことにより、教育・保育施設や地域の子育て支援事業等を円滑に利用できるよう実施することとする。 イ 教育・保育施設や地域の子育て支援事業等を提供している関係機関との連絡・調整、連携、協働の体制づくりを行うとともに、地域の子育て資源の育成、地域課題の発見・共有、地域で必要な社会資源の開発等に努めること。 ウ 利用者支援事業の実施に当たり、教育・保育施設や地域の子育て支援事業等に関する情報について、リーフレットその他の広告媒体を活用し、積極的な広報・啓発活動を実施し、広くサービス利用者に周知を図るものとする。 エ その他利用者支援事業を円滑にするための必要な諸業務を行うものとする。 オ 夜間・休日の時間外相談 カ 出張相談支援 キ 機能強化のための取組 ク 多言語対応 ケ 配慮が必要な子育て家庭等への支援 コ 多機能型地域子育て支援の強化 サ こども家庭センター連携等加算	基本型に準じることとする。ただし、ア、オ、カ、キ、ク及びケについては、主として地域における保育所等の保育の利用に向けた相談支援について実施し、イについて必ずしも実施を要しない。

（＊）免除規定有り。

【参考文献】

- 岩間信之・原田正樹『地域福祉援助をつかむ』有斐閣、2012
- 橋本真紀『地域を基盤とした子育て支援の専門的機能』ミネルヴァ書房、2015
- 柏女霊峰監修・著・橋本真紀編著『子ども・子育て支援新制度　利用者支援事業の手引き』第一法規、2015
- NPO法人子育てひろば全国連絡協議会「利用者支援事業の実践のために」（2014）
- 「利用者支援事業の実施について」令和6年3月30日　こ成環第131号・こ支虐第122号・5文科初第2594号、こども家庭庁成育局長・こども家庭庁支援局長・文部科学省初等中等教育局長連名通知
- 「利用者支援事業ガイドラインについて」令和6年3月30日　こ成環第132号・こ支虐第141号・5文科初第2595号、こども家庭庁成育局長・こども家庭庁支援局長・文部科学省初等中等教育局長連名通知
- 「地域子育て相談機関の設置運営等について」令和6年3月30日　こ成環第100号、こども家庭庁成育局長通知
- 「「こども家庭センターガイドライン」について」令和6年3月30日　こ成母第142号、こ支虐第147号、こども家庭庁成育局長・こども家庭庁支援局長連名通知
- 渡辺顕一郎／橋本真紀・編著、NPO法人子育てひろば全国連絡協議会『詳解 地域子育て支援拠点ガイドラインの手引　子ども家庭福祉の制度・実践をふまえて』中央法規出版、2023

第3章 利用者支援専門員の役割と力量

第3章 利用者支援専門員の役割と力量

第1節 利用者支援専門員の役割

1 ガイドラインに見る利用者支援専門員の役割

「特定型」の利用者支援専門員

　「特定型」の利用者支援専門員は、保護者等のニーズを把握し、当事者の目線に立って、最適な子育て支援に係る施設や事業等を提案して円滑な利用の手助けをする役割を担う。

「基本型」の利用者支援専門員

　「基本型」の利用者支援専門員は、「特定型」の利用者支援専門員の役割に加え、発達が気になる子どもについての相談や育児不安のある保護者等からの相談等があった場合には、直接、個別問題を解決するのではなく、相談者が抱える課題を解決するために早期に適切な専門機関等につなげ、継続的な見守りを行い、また、必要に応じて社会資源の開発等を行うなど、「間接的支援」、「予防的支援」の役割を担う。

　「基本型」の職員として求められる役割は、

　ア　利用者と地域の子育て資源又は各子育て資源間のコーディネートであり、ソーシャルワーク的なものであること

　イ　地域の子育て資源について深い理解や関係者との密な関係構築が必要であること

から、子ども・子育て支援に関する事業の実務経験を有する者であることを基本とする。

（利用者支援事業ガイドライン：5（1））

　ここでは、地域子育て支援拠点事業で実施されることが多い「基本型」の役割について解説します。

　上記に示す利用者支援事業ガイドライン（以下、「ガイドライン」）からは、「基本型」の利用者支援専門員の役割として、5つが捉えられます。不安や困り感を有する子育て家庭の目線に立って、①ニーズや状況を把握すること、②最適な子育て支援に関わる資源等を提案し利用の手助けをすること、③早期に適切な専門機関等につなげること、④継続的に見守りを行うこと、⑤必要に応じて社会資源の開発等を行うことです。そしてその役割を果たすために、「利用者と地域の子育て支援源、又各子育て資源間のコーディネート」と「地域の子育て資源について深い理解や関係者との密な関係構築」が必要であるとされ

ています。前者は、「ソーシャルワーク的なもの」と記されていますが、前者の取り組みは後者に示される関係の上に成り立つことから、後者も「ソーシャルワーク的」な一連の取り組みにおける1つの段階と考えられるでしょう。

利用者支援専門員は、子育て家庭が抱える不安や困り感を聴きながらその家庭が自らの状況や課題を整理していくことを支え、必要な地域資源をともに探し、その資源と家庭の関係を取り持ちます。同時に、子育て家庭が1つの地域資源に関わると必要な資源にたどりつけるように、あるいは地域の人々や団体などが子育て家庭を理解し支援を行うきっかけをつかめるように、地域資源側にも働きかけます。つまり、利用者支援専門員の役割は、子育ての悩みを相談という方法を用いて解決に導くのではなく、その家庭なりに地域の中で子育てに取り組んでいくプロセスをサポートすることにあります。

2　地域子育て支援拠点事業に配置される利用者支援専門員の役割

(1) 地域子育て支援拠点事業

利用者支援事業「基本型」は、「身近な場所において、当事者目線の寄り添い型の支援」が目指され、「主として身近な場所で、日常的に利用でき、かつ相談機能を有する施設での実施とする」とされています。この「基本型」の展開が期待される場所の1つとして、地域子育て支援拠点事業があります。

地域子育て支援拠点事業（以下、「拠点事業」）とは、「地域において子育て親子の交流等を促進する子育て支援拠点の設置を推進することにより、地域の子育て支援機能の充実を図り、子育ての不安感等を緩和し、こどもの健やかな育ちを支援することを目的とする」事業です。具体的には、親子同士が支え合いながら子育てができるように地域の親子がつどえる場所（以下、「子育てひろば」）を提供して、その交流を支えています。拠点事業は、子育て家庭の暮らしが営まれる地域の中で「子育てひろば」を提供していることから、子育て家庭とのつながりだけでなく、「子育てひろば」の取り組みを通して地域の多様な人々や活動、専門施設（人）とのつながりも有しています。その人々とのつながりは、多くは個別的な事例の支援から始まったものではなく拠点事業の取り組みとして、自治会の清掃活動や商店街のイベントに参加する、地域の活動団体が共催するフリーマーケットに出店する、「子育てひろば」に集う親子の遊び場として近所の蓮華畑を借りるなどを通して、地域の人々の暮らしの中で培われたつながりです。このような地域の人々とのつながりを豊かに保ちながら、子育て家庭に「子育てひろば」を提供するところに拠点事業の1つの特徴があります。そして、拠点事業従事者の役割として、「地域子育て支援拠点事業における活動の指標『ガイドライン』」（NPO法人子育てひろば全国連絡協議会、2018）には、次の5つが挙げられています。

第3章 利用者支援専門員の役割と力量

① 温かく迎え入れる
② 身近な相談相手であること
③ 利用者同士をつなぐ
④ 利用者と地域をつなぐ
⑤ 支援者が積極的に地域に出向く

これらの役割は、拠点事業の支援者の役割として示されていますが、同時に拠点事業が有する働きともいえます。拠点事業が利用者支援事業を付加して地域の子育て家庭を支援することは、これらの拠点事業の働きが土台になるのです。

(2) 地域子育て支援拠点事業における利用者支援事業の展開

利用者支援事業は、子ども・子育て支援法第59条に基づき創設された事業です。創設当時は、全国的には拠点事業等において先駆的な事例がいくつか認められるものの、モデルとなる取り組みが少ない事業でした。また、2003（平成15）年に創設された利用者支援事業と類似の事業（子育て支援総合コーディネート事業）は、ほとんどの市町村で実施に至らないまま一般財源化されたという経緯がありました[1]。

このような先行事業の経緯から、制度として位置づけられても、事業や担い手が担うべき機能、業務が明らかでなければ、地域の中で利用者支援事業が親子にとって役立つものにならないことが予想されました。また、拠点事業を担う団体や施設が利用者支援事業も担うなら、すでに拠点事業として有している地域とのつながりを活かして、かつ先行事業の課題を踏まえながらの展開が望まれます。そのため、子育てひろば全国連絡協議会（以下「ひろば全協」）では、拠点事業に配置された利用者支援専門員（当時：子育て支援コーディネーター、以下、「利用者支援専門員」）が何を行えばよいのかを理解することやその理解の共有を支えられるよう、より具体的に役割や力量を示すことを目的として調査を実施しました[2]。

この調査（2013（平成25）年）では、図表3-1に示すように拠点事業に配置される利用者支援専門員に求められる8つの役割と7つの力量が見出されています。利用者支援専

---

[1] 子ども家庭福祉領域におけるコーディネート機能を有する事業としては、2003（平成15）年に創設された子育て支援総合コーディネート事業がある。ただし、実施した市町村も少なく2005（平成17）年には一般財源化された。この事業が多くの市町村で機能しなかった理由としては、事業に必要であると想定されるソーシャルワーク援助技術、コーディネート力、環境・システムが必要とされつつも、実際には様々な阻害要因により実現していないこと（芝野2011）や、業務が確定していないこと（中川2011）があげられている。また、実施市町村は、ケースマネジメントを目指しつつも、実際には情報提供にとどまっており、要因として専門性の曖昧さ、間接援助の評価の困難さが想定され、子育て支援総合コーディネート機能の明確化が必要であることが指摘されている（平田2012）。

[2] 調査対象は、先駆的に利用者支援事業のような働きをしていた拠点事業（11か所）、子ども家庭福祉領域のその他のコーディネート事業（9か所）、地域包括支援センター等他領域のコーディネート機能を含む事業（3か所）である。調査対象に半構造化面接法によるヒアリング調査を行った。

図表 3-1　拠点事業に配置される利用者支援専門員（当時：子育て支援コーディネーター）に求められる 8 つの役割と 7 つの力量

■拠点事業における利用者支援専門員の役割
　①子育て家庭の包括的支援
　②家庭の状況の見極めと家族側からの状況の理解
　③子どもの育ちを見通すコーディネート
　④拠点を超えた地域資源のコーディネート
　⑤縦断的、横断的につなぐコーディネート
　⑥必要な資源の見極め、提案
　⑦地域資源の開発
　⑧利用支援を入口とした個別支援の展開

■拠点事業における利用者支援専門員の力量
　①利用者が主体であるという姿勢を貫ける力
　②子育て家庭を包括的に捉える力
　③家庭の状況を見極める力
　④地域を把握し俯瞰する力
　⑤地域資源の調整・開発とつながる力
　⑥他の専門職等の解釈を理解し、情報収集や提供を行う力
　⑦コーディネーターとしての思考過程の獲得

子育て支援コーディネーター調査研究委員会「子育て支援コーディネーターの役割と位置づけ」NPO 法人子育てひろば全国連絡協議会、2013

門員に求められる役割と力量については、第 2 節で詳述します。

　この調査結果を踏まえて、ひろば全協では、利用者支援専門員を「子育て家庭が有する課題やその力を包括的に把握、予測した上で、本人の力や地域資源を活かしながら、個別の家庭状況に応じ、支援策を調整、調達する。あわせて、すべての子育て家庭が子どもを授かり、子どもを育てることを開始した時から、社会的に包摂される仕組みを地域の中に作ることを指向し、より包括的、予防的にコーディネートする役割を担う」と定義しました。

　また、利用者支援事業の対象は、図表 3-2 に示すように情報が得られれば自らサービスを活用しつつこどもの育ちを支えていける家庭から、「心配」な家庭、要支援家庭までと考えられました。調査の対象となった拠点事業の支援者からは、漠然とした不安や負担感を感じつつも自分が何を必要としているのかわからない、支援を受けられることに気づいていない、支援を受けたくないなど、いわゆる子育て支援サービスの利用を「思いつかない」家庭が多いこと、それらの家庭への支援の手だてがないことが報告されました（具体例は第 2 章参照）。一方で、これらの家庭は、地域の中でこどもを育てる力を有しており、かつ他の家庭の支え手になっている事例も把握されました。このことは、家庭側に資源とつながる力があり（残っており）、家庭と支援者がともに取り組む体制を作りやすいこと、また支えられる側が支える側になる循環が期待できることを示しています。つまり、これらの家庭を対象とした支援機能が必要であり、それは、子育て家庭が地域の中で生活する

図表 3-2　ひろば全協の調査による利用者支援事業の対象範囲

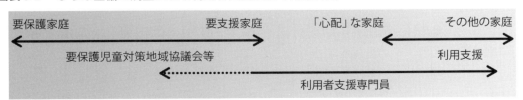

注：子育て支援コーディネーターを利用者支援事業の用語に変更
子育て支援コーディネーター調査研究委員会「子育て支援コーディネーターの役割と位置づけ」NPO 法人子育てひろば全国連絡協議会、2013

力を有している間に、その親なりに暮らしの中に子育ての体制を整えていく、その過程を支えるためのコーディネート機能であると考えられました。

（3）地域子育て支援拠点事業と利用者支援事業の役割の関係

　利用者支援事業は、子育て家庭を個別のニーズに応じて地域の資源につなぎながら、家庭が地域の中にこどもを育てるための体制（関係）を作っていくそのプロセスを支えることを目的としています。そのため、利用者支援専門員は、親子と周囲の人々がともに課題に取り組めるよう、子育て家庭と地域の双方に働きかけます。

　一方で、拠点事業では、地域の中に子育て家庭が集える物理的な場を作り、既述の通り①温かく迎え入れる、②身近な相談相手になる、③利用者同士をつなぐ、④利用者と地域をつなぎます。時には、⑤支援者が積極的に地域に出向いて、①～④に取り組むこともあります。①～⑤の働きは、ガイドラインに示される「利用者支援」（個別支援）の役割と重複する部分も多くあります。ただし、利用者支援事業では、その子育て家庭との出会いの段階から「地域」で支えることを意識することが必要です。利用者支援専門員に求められる思考は、「その子育て家庭に何をしてあげたら良いか」ではなく、「地域の中にどのような関係があれば、その家庭がこどもの育ちを支えられるか」であり、そのためには家庭と地域の関係を俯瞰し見渡す視野が必要となります。

　このように利用者支援事業と拠点事業では、支援の目的、役割、視野が異なるといえます。拠点事業に利用者支援専門員を配置することは、利用者支援事業が地域の中でより機能しやすくなるというメリットもあります。拠点事業に利用者支援専門員を配置する際の強みとしては、2つ考えられます。1つ目は、「子育てひろば」が地域の子育て家庭の暮らしの中に存在し、地域の多様な人々や活動、専門施設（人）とのつながりを有していることです。このつながりは、利用者支援事業における地域連携（地域支援）の手掛かりとなります。2つ目は、「子育てひろば」という物理的な場を有していることから、子育て家庭や地域の人々、他専門機関（職）から利用者支援専門員が認知されやすくなるということです。利用者支援事業は直接的なサービスを提供する事業ではないため、子育て家庭や他の地域の資源から「何に役立つのか」が捉えにくい事業といえます。親子が日常生活の中で立ち寄れる「子育てひろば」に利用者支援専門員が居ることで、子育て家庭や地域の人々等からその存在が認知されやすく、地域の中の心配な家庭を利用者支援専門員につなぐ際にも「こどもが遊べる」という家庭にとってのメリットを示しやすくなります。

　利用者支援事業は、拠点事業の取り組みを通じて培われた地域資源との関係の中に子育て家庭を迎え入れ、その関係を手掛かりとしながら子育て家庭が地域の資源とつながり、地域の中に位置づいていくことを支えます。また、利用者支援事業の実践でつながった地域資源が、拠点事業の取り組みに生かされることもあることから、2つの事業は相互補完的な関係にあるといえるでしょう。

第2節 利用者支援専門員に求められる役割と力量

1 利用者支援専門員に求められる8つの役割

　第2節では、ひろば全協の調査で把握された、利用者支援事業基本型の専門員（以下、専門員）に求められる8つの役割を同様に調査から見出された力量との関連を示しながら解説します。

(1) 子育て家庭の包括的支援

　ガイドラインの事業内容の基本姿勢には、「②包括的な支援」が挙げられています。そこでは、複合的な課題を抱える家庭には、子育てへの支援のみならず医療・保健等の隣接領域や高齢者等他領域の機関、地域の関係づくりなども含め、多様な支援が一体的・包括的に提供される必要があると述べられています。専門員は、家庭の子育てやこどもの育ちに関わる状況や強み、困り感に着目しつつも、子育てに限らない家庭の状態、抱える課題すべてを視野に入れ、他の領域から支援を行う専門職や人々と協力しながら、ともにその家庭を支えます。

　子育ての困り感や不安は、こどもや親自身の特性、夫婦関係、家族関係など多様な要因が関連し合いながら生じていることが多くあります。例えば、外国籍の父親の失業とこどもの発達に支援を要する家庭、不登校の兄と言葉に遅れがある弟の育ちを心配している家庭、介護と育児（ダブルケア）を担う家庭などです。現行の子育て家庭に関わる事業やサービスは、高齢者等他の領域とは区別して提供されています。また市町村では、義務教育と福祉に関わる担当窓口が異なることも多くあります。そのような中で、領域を超える複数の課題を抱える子育て家庭は、生活の困り感に対応しながら、必要なサービスを求めてそれぞれのサービス窓口を訪れなければなりません。さらに、人々の日常の生活は、領域別に成り立っているわけではありません。そのため、自分の悩みが制度のどの領域に関連するのか捉え、的確に必要な施設や事業・サービスにつながることは一般家庭には難しい作業といえます。困り感を抱えながら生活していくことに精一杯で、相談窓口を訪ねることすら「思いつかない」家庭も多くあります。

　利用者支援事業には、対象となる家庭が抱える困り感を子育てに限定せず広く視野に入れ、他領域の事業やサービスを必要としている場合は、その資源につなげるなどの対応も求められます。ただし、専門員は、家庭が有する子育て以外の問題に直接的に援助するのではなく、あくまでも必要な資源につなぐ役割を担います。そしてその後は、それらの機

関や人々と協力しながら、また家庭と資源との良好な関係が保てるよう双方に働きかけ、家庭を支えていくのです。子育てへの支援には拒否的でも、祖母の介護のためヘルパーを受け入れている家庭もあります。そのヘルパーがこどもの状態を見守るなど、その家庭の支援におけるキーパーソンになるかもしれません。その場合は、ヘルパーと専門員がともに要保護児童対策地域協議会等の事例検討会に参加し、情報を共有し協力しながら支援のタイミングを見計らうことも考えられます。専門員が地域包括支援センターの会議に参加することもあるでしょう。このように子育て家庭の状況に応じた個別的なサポート体制を作るためには、子ども・子育て支援法に定められた施設・事業等だけでなく、高齢者や障害者、就労支援、経済支援等近接領域の制度や施設・事業、地域のインフォーマルな取り組みと日常的に関係を育みながら互いの支援の特性について情報を共有しておく必要があります。

　そして、他の支援機関（人）と協力しながら、子育てを含む家庭の暮らしを支えるためには、『家族を包括的に捉える力』や『家族状況を見極める力』が必要になると考えられます。つまり、その家庭の地域社会における関係性を広く捉え、かつ家庭内の状況や関係性、ストレングスを多様な観点から把握した上で、それらの関連を理解する力が必要となります（図表3-3）。

図表3-3　家庭の包括的な支援

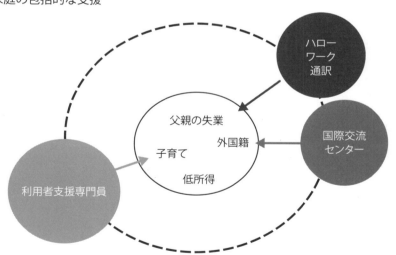

(2) 家庭の状況の見極めと家族側からの状況の理解

　子育て家庭が地域の資源につながることを支える取り組みは、子育て家庭と地域資源の双方の状況を的確に理解することから始まります。この役割は、ガイドライン事業内容の基本姿勢に示される「③個別的ニーズに合わせた支援」と関連します。そこでは、利用者側に立った適切なアセスメントを支援の前提に位置づけ、既存の制度・事業等に子育て家

庭をあてはめるのではなく、個別ニーズに応じてフォーマル・インフォーマルな資源を組み合わせながらオーダーメイドで支援体制を構築していく必要性が述べられています。

　子育て家庭の理解においては、客観的な立場からその家庭の状況を捉える観点とその家庭が自分たちの状況をどのように認識しているかを捉える観点が必要です。前者は、子育て家庭の客観的な事実に基づく理解、後者は子育て家庭の主観的な事実に基づく理解といえます。図表 3-4 のように、子育て家庭が認識する状況からと、客観的に捉えられる子育て家庭の状況からでは、その家庭と地域資源との「距離感」が異なります。例えば、母親には精神障害があり、周囲の人々は母親に治療が必要と考えている一方で、母親は病識がなくこどもを有名私立幼稚園に入れたいと考えて何度も相談に来るなどの事例もあるでしょう。このような事例においてもまずは、母親が自分自身やこどもをどのように捉えているのか、何を願っているのかを把握することが求められます。家庭側から状況を捉えることは、子育て家庭の状況や個別ニーズに応じて地域の資源につなぐ取り組みの第一歩となり、制度やサービス、支援者等が子育て家庭のニーズや状況に合わせて支援に取り組んでいくことを支えます（岩間 2012）。

図表 3-4　家庭の状況の見極めと家族側からの状況の理解

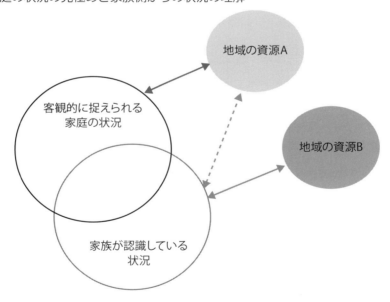

　また並行して家族の状態や家族間の関係性など客観的な状況も把握します。このとき、専門員が子育て家庭の生活の場や日常生活場面にいることで、子育て家庭の生活に関わることが可能となり、課題のみならず暮らしの中で家庭が発揮している力、工夫などに気づくことができます。つまり、生活を成り立たせている家庭の力（ストレングス）が見えるのです。このような特性を生かして、家庭の課題のみならず家庭自身が気づいていないス

トレングスをも把握していくことが大切です。

　その上で、把握された主観的事実と客観的事実が重なるところ、子育て家庭と専門員が認識を共有できるところを探り、小さくても共有されている状況から働きかけていきます。大切なことは、客観的に捉えられる状況と子育ての主体である家庭の認識がかけ離れていても、双方の状況をしっかりと視野に入れ、子育て家庭の主観的な状況を受けとめていくことです。先の例でも母親と専門員との間ではこどもに幼児教育、もしくは保育が必要であるという認識は共有されていました。そこを手掛かりに、こどもにとってどの幼稚園もしくは保育所がよいか、ともに探すことから支援が始まりました。

　この役割に関連する力量は、『家族状況を見極める力』です。先入観や偏見にとらわれず、子育て家庭が訴える自らの姿をありのままに受けとめるためには、子育て家庭側に視点を置き、子育て家庭側から状況や地域を眺める視点の転換が必要です。その家庭が自分たちの状況をどのように捉えているのか、自分たちを取り巻く地域をどのように捉えているのかを専門員が理解する、そこが取り組みの始点となります。また、客観的な状況を的確に捉えるためには、多様な観点から情報を収集し検証することが求められます。その際、「知識」は、家族側に視点を置くことや、家庭状況の把握の客観性を支える1つの手掛かりになります。こどもの発達、親の発達過程、精神障害、大人の障害、虐待の状況や影響等、深くなくても幅広い「知識」が必要です。

（3）こどもの育ちを見通すコーディネート

　利用者支援事業が対象とする子育て家庭は、主として妊娠期（時に妊娠前）から就学前までのこどもを育てる家庭とされています。ガイドラインの事業内容の基本的姿勢においても「④子どもの育ちを見通した継続的な支援」が挙げられています。この時期のこどもは、発達的変化が著しく、それに伴って子育てのニーズも変わっていきます。また、こどもが育つ環境は、保育所や幼稚園等への入園、小学校への就学等おおむね3〜6年で移行します（図表3-5）。子育て家庭は、こどもの成長に伴って新たな社会資源と関係を作り、すでにつながりのある社会資源との関係を変化させながら子育てに取り組んでいきます。特に、こどもの障害や外国籍等特別なニーズを有する場合、そこにより労力と時間を要します。そして、このような環境の変化が家族の状態や関係性、こどもの心身に影響することもあります。

　専門員には、こどもの育ちや子育てのニーズの変化と、その変化に伴い必要となる社会資源、これまで培ってきた社会資源との関係の変化などを予測して、その関係が協力的な状態で開始されるように子育て家庭と社会資源の双方に働きかけます。さらに、子育て家庭の多くは、やがて地域の資源を自ら選択して活用し、あるいは支え合いながらこどもを育てていくようになり、利用者支援事業を必要としなくなります。多くの家庭が地域の中で自立的に機能していくことが予想される点は、要保護家庭や高齢・障がい領域等の支援

図表 3-5　こどもの育ちを見通すコーディネート

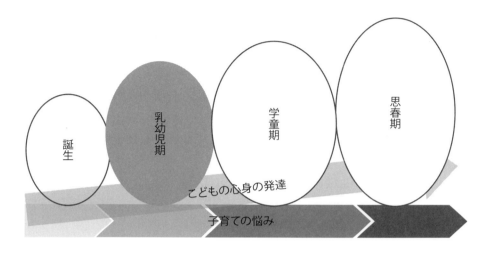

と異なる特徴といえるでしょう。つまり、利用者支援事業には、こどもの育ち、子育てのニーズの変化、家庭の自立を見通しながらの取り組みが求められます。家庭が出会う困難を事前に取り除くのではなく、こどもの育ちと生活の変化を見通しながら、子育て家庭が新たな社会資源とともにこどもの育ちを支える体制を作っていく準備を整えます。

このように、こどもの育ちと子育て家庭のニーズの変化を縦断的に捉えるという意味においても、専門員には、『子育て家庭を包括的に捉える力』が求められると考えられます。

(4) 拠点を超えた地域資源のコーディネート

専門員は、所属する拠点事業等に訪れる利用者だけでなく、担当エリア内の他の資源を利用する子育て家庭や、地域に居住し支援を必要としつつもサービス等は利用していない家庭も対象としながら、家庭と地域資源をつないでいきます。

利用者支援事業の設置目標では、2019（平成31）年度末までに全国で、利用者支援事業は1,800か所[3]、地域子育て支援拠点事業は8,000か所の設置が目指されていました。数値のみで見れば、専門員は拠点4か所程度を担当することが期待されていることになります。このエリアには、保育所や幼稚園、認定こども園、一時預かり事業、地域住民による活動等の取り組みも数か所含まれます。専門員は、一定の区域内にあるそれらの資源を利用する家庭、その区域に居住する家庭を対象として、必要に応じて家庭と地域資源をつなぎます。例えば、他の拠点を利用する外国籍の母親が、こどものアレルギーについて外国籍の親同士の交流を希望している場合、その母親とともに地域内の保育所や幼稚園等、時に市町村や他府県に働きかけて交流の機会を作ることもあるでしょう。

---

[3] 利用者支援事業の目標値は、「基本型」と「特定型」を含む。

第3章 利用者支援専門員の役割と力量

　専門員が、担当エリアの子育て家庭を対象として働くためには、専門員の存在と役割が担当エリアの地域の人々、とりわけ地域の他の資源に認知されていることが重要となります。先述の外国籍家庭の事例のように他の資源が自身で支援しきれない子育て家庭に出会ったときに、専門員につなぐことを「思いついて」もらえるような関係性を事前に作っておく必要があります。また、専門員が子育て家庭を主体として地域の資源につなぐためには、所属施設の方針や利益に左右されない一定の中立性を担保した姿勢、専門的判断が必要になります。ただし、専門員が、一人でその専門性を担保することには限界があります。本事業の実施要綱には、実施主体に対して専門員を研修会等に積極的に参加させるよう努めることが規定されており、ガイドラインには、研修等への参加に加え、従事者間の交流の実施、スーパービジョン体制の整備が挙げられています。専門員が情報交換し、専門性を高め合うための研修や交流等を、市や都道府県内レベルで作っていくことも必要になってくるでしょう。

　このような所属機関を超えた一定のエリアにある資源調整を行うためには、『地域を把握し俯瞰する力』や『地域資源の調整・開発とつながる力』『他の専門職の解釈を理解し、情報収集や提供を行う力』が求められると考えられました。所属する施設等から地域を眺めるのではなく、所属する施設を含む担当エリアを鳥瞰する視点（全体を見渡すこと）や、他の専門職（機関等）が子育て家庭をどのように捉えているか、他の専門職（機関等）側から状況を捉える視点と解釈の理解が必要になります。つまり、専門員には、自らの視点で対象や地域を眺めるだけではなく、地域全域、子育て家庭側、他の専門職（機関）側に視点を移動させる力、そして巨視的、微視的に視点を変えながら状況を捉える力が求められるといえます。

図表3-6　拠点を超えた地域資源のコーディネート

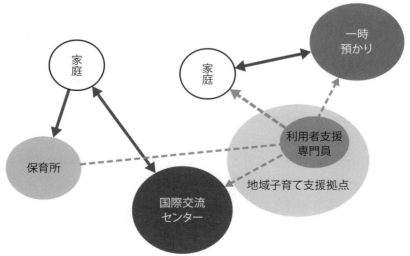

(5) 縦断的、横断的につなぐコーディネート

　縦断的、横断的につなぐコーディネートとは、子育て家庭に必要とされる支援体制を個々の状況に応じて作るとともに、こどもの育ちを見通しながら長期的視野で支援に取り組む専門員の働きです。子育て家庭の状況を子育ての困り感や不安、ストレングスを含めて立体的に捉えることと、子育て家庭と地域資源の関係を立体的につないでいく観点が必要となります。

　例えば、先述のアレルギーのこどもを育てる外国籍の家庭には、他の外国籍の家庭との交流を支えつつ、必要に応じて英語が話せる保育士がいる保育サービスを紹介するなど地域の資源との関わりを提供することもあります。幼稚園入園や小学校入学にあたっては、親とともに学校給食等の状況を調べたり、親に同行して、これまでの状況やどのような支援があれば、こどもが幼稚園や小学校で給食をおいしく食べ、楽しく過ごせるのかを親が伝えられるようサポートします。また支援のプロセスでは、やがてその家庭が時々に地域にあるサービスを活用しながらこどもを育てていくことを見通し、親子に日本の習慣をわかりやすく伝え、地域の資源と家族の接触が良好に始まるよう工夫することもあるでしょう。

　専門員には、地域資源の関係性を広く読み取りつながるための『地域を把握し俯瞰する力』『地域資源の調整・開発とつながる力』、さらにこどもの成長に伴う家庭の変化を長期的に見通し把握する力としての『子育て家庭を包括的に捉える力』が求められると考えられます。

図表 3-7　縦断的、横断的につなぐコーディネート

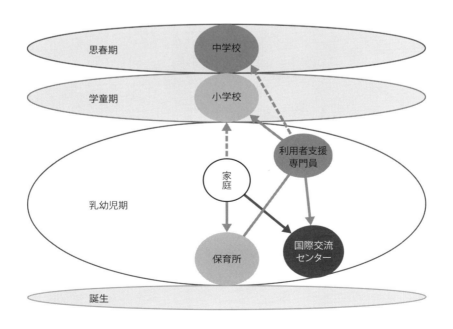

(6) 必要な資源の見極め・提案

ガイドラインでは、関係機関との連絡・調整、連携、協働の体制づくりを行うとともに、地域の子育て資源の育成、地域課題の発見・共有、地域で必要な社会資源の開発等に努めること（地域連携）とされています。ここで紹介する「必要な資源の見極め・提案」は、ガイドラインにおける「地域課題の発見・共有」に関連し、利用者が困っていること、必要としていることを他の専門機関や行政に代弁していく専門員の役割です。

専門員は、子育て家庭が個々の状況に応じて地域の中にこどもを育てる体制を作っていくその過程で、家庭が必要としていることを他の資源や地域の人々に伝えます。また、利用者支援事業では、個別の子育て家庭への支援を通して、地域の子育て家庭に共通するニーズに気づき、そのニーズや新たな資源の必要性を他の専門機関や行政担当課、地域の人々に伝えていくこともあります。例えば、母親がうつ病と診断され、こどもを預けたいと希望しているが、一時預かりにこどもを連れていくことができない。他方、父子家庭で保育所の利用を希望しているが、遠方の保育所しか空きがなくて出勤時間に間に合わず困っているなどがあります。これらの事例に共通することは、「保育サービスへの送迎が困難であること」であり、送迎があればいずれの家庭も保育サービスをより負担なく利用できます。このような地域の中に共通するニーズは、専門員が子育て家庭の暮らしの中で働いているからこそ気づくことができるのです。捉えられた地域に共通するニーズは、他の専門機関や行政窓口、地域の人々に地域の課題として伝え、その地域や他資源の次なる取り組みに役立ててもらいます。これは、地域の人々や他の専門機関等にこどもや子育て家庭に

図表3-8 必要な資源の見極め・提案

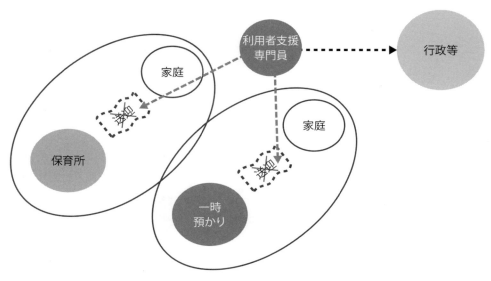

目を向けてもらうきっかけを提供し、地域の人々の意識の醸成にもつながる働きです。

　地域の子育て家庭に共通するニーズに気づくためには、日常的に地域の子育て家庭の暮らしやその変化に目を向けること、地域の人々や他の資源から伝わる子育て家庭の状況をしっかり捉えることが大切です。何より、１つの子育て家庭が必要としている支援を、他の家庭も必要としているかもしれないという視点から、地域を見渡すことが重要です。ここでは、専門員が『地域を把握し俯瞰する力』『他の専門職の解釈を理解し、情報収集や提供を行う力』を発揮する必要があると考えられます。

（7）地域資源の開発

　利用者支援事業の実施要綱では、「地域で必要な社会資源の開発等に努めること」が事業内容として挙げられており、地域に共通する課題に応じて必要とされる資源を作ったり、地域で子育てを支える地域の機運を醸成したりする取り組みです。

　地域資源の開発という文言からは、事業を起こすというような大掛かりな取り組みがイメージされます。しかしながら、乳幼児期の子育てを支える地域の資源は、地域の人々の小さな取り組みや当事者による支え合いの活動が、地域の子育て家庭の状況に応じて生まれたり、消えたりを繰り返すことが多くあります。例えば、先述のアレルギーがあるこどもを育てる外国籍の家庭の交流会が実現し、転居してきた新たな家庭がその活動から必要な情報と地域の関係を得られるかもしれません。

　また、地域の子育て家庭が共有するニーズを他の地域資源に伝え、そのニーズが対応範囲であることに気づいてもらうことや、対応範囲を広げてもらうことなどもこの取り組みに含まれます。高齢者宅を対象に食材の無料配達サービスをしているスーパーに、産後うつ病を患う子育て家庭への惣菜の配達を依頼するなどの試みもあります。このような乳幼児期の子育て家庭を支える資源の特性も把握し、かつ暮らしの中の小さな取り組みにも着目しながら、地域の人々等に親子の支え手になれること、また親子が求めている働きなどを伝えます。さらに、専門員が事業を自ら開発するだけでなく、地域資源の開発等の働きを中心とする社会福祉協議会等の活動と連携しながら、子育て家庭が必要とする仕組みや活動をともに作っていくこともあります。このようにして新たに開発・発掘された資源の中には、組織化され継続的、安定的に運営されるようになる活動もあります。そして、要支援家庭が、必要な資源につながり生活に余裕ができると、支援を必要とするその他の家庭の支え手になることもあります。このような支援の循環を作っていくことも、大きな意味での利用者支援事業における地域資源の開発の働きと考えられるでしょう（図表3-9）。

　そこでは、まずは資源の要否や不足を把握するための『地域を把握し俯瞰する力』が必要となります。そして、『他の専門職の解釈を理解し、情報収集や提供を行う力』や『地域資源の調整・開発とつながる力』の発揮が求められると考えられました。家庭のニーズに応じて地域の潜在的な資源の発掘や新たな資源の開発、またその働きを支えていくため

には、子育て家庭や支え手となる地域の人々の暮らしに常に着目していること、また地域の人々、他の資源が何をどこまで担えるのかを見極める力が必要です（岩間2012）。

図表3-9　地域資源の開発

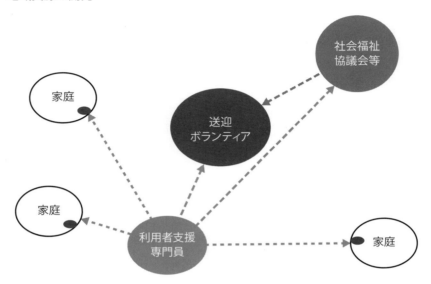

（8）利用支援を入口とした個別支援の展開

利用支援とは、主に施設・事業の利用を支援（案内・つなぎ）すること[4]です。「特定型」では、利用支援が主な働きになります。「基本型」においても、保育サービス等の利用に関する問い合わせが少なくないと考えられます。ただし、問い合わせに応じて、サービスを必要とする理由を聴いていく中で、その人自身が気づいていなかった子育ての困り感や不安が吐露されることもあります。

例えば、図表3-10の事例では、転居してきた父親から、一時預かりの利用に関して問い合わせがありました。2歳になるこどもが、動きが激しくなり、夜もなかなか寝ない、気に入った物しか食べず困っており、「保育士にしつけてもらった方がよいと思い」、一時預かりについて問い合わせたとのことでした。専門員は、今後のことを考えて発達障害等の相談員[5]の巡回がある保育所の一時預かり事業を紹介しました。その後、利用の感想を尋ねるため利用が開始された頃を見計らい家庭に電話をしたところ、転居してから母親が体調を崩していたが、病院でうつ傾向があると診断されたと報告がありました。父親も仕

---

[4] 『利用者支援事業ガイドライン』では、「利用者支援」と「利用支援」が整理して規定されている。

[5] 発達障害者支援法に基づく地域生活支援事業により実施される（任意事業）巡回支援専門員が、発達障害等に関する知識を有する専門員が、保育所等を巡回し、スタッフや親に助言等を実施して個別給付につなげる。

事が多忙で一時預かりは利用したいが経費と送迎に困っている旨が伝えられたことから、送迎や経費を含めた保育所の利用、こどもの育ちへの支援、母親の状態と家事等の生活支援について父親と専門員で一緒に考える機会を持つことになりました。

　このような事例では、最初の問い合わせの際、一時預かり事業の連絡先を伝えて終わることも多くあります。すべての「問い合わせ」がこの事例のように展開するとは限りませんが、専門員は、「サービスの問い合わせ」を契機として家庭の困り感や不安が把握され、子育て家庭のサポート体制づくりが開始される可能性を想定しておく必要があります。専門員には、問い合わせとして現れる困り感に気づく力が求められます。また、「家族の状況を見極める力」と、「問い合わせ」として現れる家庭の困り感、その奥行を捉えるという意味においても「家族を包括的に捉える力」の発揮が求められるでしょう。

図表 3-10　利用支援を入口とした個別支援の展開

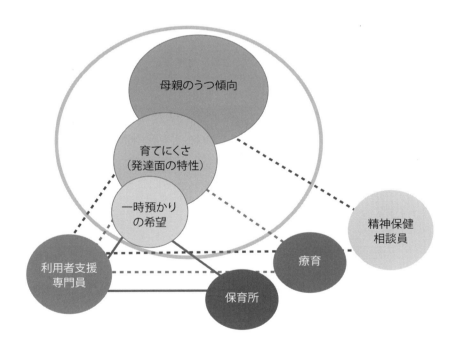

第 3 章 利用者支援専門員の役割と力量

2　基盤となる力量

（1）利用者が主体であるという姿勢を貫ける力

　ソーシャルワークにおいて援助過程とは、「ワーカーの過程ではなく、クライエント本人による問題解決に向けた本人の過程でなければならない」（岩間 2012）といわれています。利用者主体とは、「取り組みの主体を本人自身に置くこと」（岩間 2012）であり、子育てを含む生活の課題解決に取り組む主体は、あくまでも利用者本人であるというソーシャルワークの価値とされています。利用者支援事業においては、専門員が願うあるべき姿に子育て家庭を導くのではなく、子育て家庭を主体としながら状況を整理することを支え、課題に取り組むそのプロセスをともに歩みます。状況に相応しい対応方法を選択し実践し、資源を活用するのは、その家庭自身なのです。

　ただこのことは、専門員が資源の情報を提供して、後は利用者に任せるということではありません。専門員は、子育て家庭による問題解決の過程を先述した 8 つの役割を発揮しながらともに歩んでいきます。『利用者が主体であるという姿勢を貫ける力』とは、その一連の取り組みである対象の子育て家庭と地域の資源双方の理解、それらをつなぐ方法の選定と働きかけ、他機関・支援者との協議等において、利用者が主体であるという姿勢を常に意識し反映していく力です。専門員の働きは、子育て家庭のニーズに応じて地域の資源との関係を取り持つという、子育て家庭や周囲の人々から見えにくく捉えにくい働きであり、専門員も援助の方向性を見失いそうになることが少なくありません。「利用者主体」という価値は、専門員の働きを方向づけ、また『利用者が主体であるという姿勢を貫ける力』は、こどもが自ら育つことや子育て家庭が自ら子育ての体制を作っていくことを支える働きにおいて基軸となるのです。

（2）利用者支援事業における思考過程の獲得

　思考過程とは、情報の分析や比較、統合などを行いながら結論を導くプロセスのことです。利用者支援事業では、家庭が地域の中にこどもを育てるための体制（関係）を作っていくことを支えるための思考過程が必要となります。例えば、子育て家庭の状況や意向の把握と見極め、地域資源の有無と特性の把握と見極め、それらの関連や関係の把握と分析、子育て家庭に提供する地域資源の情報の見極め、仲介方法や時期の選定、並びにそれらが子育て家庭に与える影響の予測などがあります。子育て家庭を適切な地域の資源につなぐためには、このような援助の始まりから子育て家庭が利用者支援事業を必要としなくなるまでの援助における思考過程をつかむことも重要です。

　さらに、ガイドラインの 5 つの役割からは、「家庭の養育機能獲得への支援」「子どもの育ちを見通した継続的な支援」「困難な状況への悪化を防ぐ予防的支援」などを実現す

るための思考過程も必要になると考えられます。地域の中にこどもを育てる体制を作るまでの家庭の歩み方、期間、こどもの育ち方は、家庭やこどもによって様々です。例えば、こどもの育ちを見通しながら継続的に支援を行うためには、こどもの発達過程の知識と観点から必要な情報の収集・分析をし、こどもの育ちとそれにより生じる家庭の困り感や養育機能の変化、必要となる地域の資源を予測した上で、その地域資源との関係を事前に築いておくなどが考えられます。

　ただし、利用者支援事業は、2014（平成26）年度から開始された事業であり、その実践の蓄積も多くありません。また、拠点事業で先駆的に取り組まれてきた実践も制度的位置づけがなかったこともあり、多くは、経験知と呼ばれるような実践者の直感的思考により展開されてきました。直感的思考による実践は、その結論を導き出したプロセスを説明することは難しいといわれています。今後、利用者支援事業の実践が蓄積される中で、利用者支援事業特有の思考過程を明らかにし、専門員の専門的援助技術として共有していくことが重要であると考えられます。

第 3 章 利用者支援専門員の役割と力量

第3節 利用者支援事業の実際

　様々な課題を抱える家庭に対して、どのような利用者支援が展開されているのでしょう。事例の流れを展開ごとに区切り、各段階の「支援のポイント」を示しながら、7つの事例をご紹介します。

（掲載した事例は、加工しています）

【初めての子育て】
事例1　子育てに行き詰まり気力もなくなっている母親の支援
　　　拠点スタッフと連携して継続支援へ

母親・第1子（1歳6か月）

　初めての子育てをしている母親。こどもが1歳を過ぎたころから時々拠点を利用していた。スタッフたちは、母親に表情が乏しく、あまり自分のことを語らないことを気にかけていた。こどもが1歳6か月になったころ、母親が、近所の保育園の一時預かり事業に申し込んだが断られたと話したことから、スタッフが利用者支援専門員（以下、専門員）につなげた。

☞ 拠点スタッフの日頃の関わりがきっかけに

　専門員は、一時預かり先を探すという話から入ったが、よく聞いていくと、子育てに行き詰まりを感じており、こどもと一緒にいると手を上げてしまうのではないかという思いに駆られることを話してくれた。親族の助けも得られにくい環境で、こどもと離れる時間が欲しくて一時預かり事業を申し込んでみたが、自分の状況を保育園に語ることができず、リフレッシュ目的と伝えたところ働く人が優先だと断られたことがわかった。精神的につらくなっており、違う保育園に問い合わせてみる気力もない様子だった。リフレッシュ目的でも断らない園があることを伝え、傾聴していく中で、自分の負担感を伝えて一時預かり事業を利用してよいことにも気づいてもらった。その後、別の保育園に申し込み、利用することができた。

☞ サービス利用の背景にある真のニーズを把握する

☞ **関心をもって話を聴くことで、利用者の自信や自発性を支える**

　専門員と拠点スタッフが連携し、拠点で行う保育付きの講座などに母親を誘うなど、親子が孤立しないように見守った。

☞ **拠点スタッフとの連携、見守りの継続**

事例2

【第2子の出産】
第2子出産の気力や自信を失っている母親と家族の暮らしを地域で支える

母親・父親・第1子（2歳）、第2子妊娠中

　第1子が1歳の頃から利用者として毎日のように拠点に通ってきていた。震災後は、放射能汚染による食材への配慮はもとより、こどもへの環境配慮はあらゆるところで執拗なまでの神経を使う状態になる。母親はもともと細やかにものごとを受けとめる方で、育児につまずいたり、こどもが思い通りにならないと人目をはばからず涙する様子が見られたが、要所要所で個別相談を自ら予約するなど上手にやり過ごしてきた。その後、第2子を妊娠したところで、「産む気力と自信がありません」と訴えてきた。

☞ **親が支援を求めてくる関係ができている**

　経済的に問題がなかったため産前のうつ的傾向も加味し、父親の通勤経路上にある近隣の認証保育室(※)の園長とやりとりをして入所を勧めた。同時に送迎はファミリー・サポート・センター（以下、ファミサポ）を活用できるよう紹介し、2名交替制での家庭支援が始まった。産後もなるべく保育園とファミサポを併用し、日中、こどもとファミサポ提供会員で家庭的な環境で過ごすことが多くなった。

(※) 自治体が補助をしている直接契約が可能な保育室

☞ **出産後を見通したサービスのコーディネート**

　その後、頼みの綱だった父親も気力が減退し休職する時期もあったが、拠点で実施していた父親同士の輪の中でこども2人を連れてきては過ごすようになる。父親も父親同士の仲間ができ、少しずつ拠点内での居場所ができるなど、スタッフとの距離も近くなっていった。

第3章 利用者支援専門員の役割と力量

☞ 家族一人ひとりの状態を視野に入れ、より支援が届きやすいところから働きかけていく

　第1子が幼稚園入園とともに母親自身は少しずつ本来の元気を取り戻した。潔癖な性格から、頻繁に自宅の片づけをしたいとの理由でファミサポを使うこともあるが、ファミサポ提供会員と拠点のスタッフ、専門員が拠点での様子、自宅での様子などを共有しながら引き続き見守りを続けている。

☞ 支援者同士の情報交換と継続的な見守り

事例3 【外国籍のひとり親家庭】
"働きたい"けれど"預けられない"外国籍のひとり親家庭への支援

母親・第1子（2歳）

　普段から拠点を利用している、ひとり親で経済的に苦しく生活保護を受けている外国籍の母親。こどもを保育園に入れて働きたいと意欲的に活動しているが、思うように職が見つからない。市役所の保育課に相談にも行くが、待機児童が多いと言われ諦めている様子。力になれることがあるのではないかとスタッフ間で考えていたところ、「仕事が見つかりそうだが保育園に入れない」と相談が入る。

　利用者支援事業のケースとして対応を検討することになった。市役所に相談し、就労証明書の書き方をアドバイスし書類を提出してもらった。保育園の入所手続きにはスタッフが同行し、その間、こどもは、拠点の一時預かりを利用した。

☞ 事例が生じる以前から行政担当課、関係機関等が行っている事業を理解し、窓口担当者と関係をつくっておく

☞ 本人と資源のかかわりが順調に始まるように本人の同意を得て、専門員から紹介する資源に相談する

　こどもの保育園が決まるまでの期間は、こども家庭支援センターとも連携し、別の施

設の一時預かり事業を利用し、就労を続けることができた。その後、保育園への入園が決定し、母親は就労を続けている。

☞ **サービスの利用につながるまでのニーズに応じた継続的代替支援**

【妊娠出産】
事例4　トラブルを抱え不安な母親を、産後ケアから拠点利用へつないで支援

母親・第1子（1歳）

　出産のために入院中、夫婦間のトラブルが発生し、母親の精神状態が不安定になったことから、病院のソーシャルワーカーから産後の育児に不安がありサポートが必要なケースとして拠点に相談が入る。産褥期ヘルパーのサポート体制を整え母親のニーズを確認し、適切な支援を紹介しながら母親の精神状態が安定するよう見守ることとした。

☞ **専門機関から相談が入る関係ができている**

　産後、母子が自宅に戻ったころから、母親の支援の経験を有する産褥期ヘルパーを派遣してもらうよう手配した。生活と育児の援助を行いながら、母親の心の状態を観察し、保健師と連携しながらサポートを行った。その後、産褥期（退院後1か月）を過ぎても、継続的な見守りや支援が必要であることから、拠点が独自で行っている子育てヘルパーも利用し、母親の揺れ動く心模様に寄り添いながら、小児科の受診の付き添いやこどもの成長・発達の見守り、引っ越しに伴う新たな担当保健師との連携調整など、切れ目のない支援を続けた。

☞ **母親の状態の変化に伴い、必要となる支援を見極め具体的支援につなぐ**

　現在、母親の精神状態は少しずつ安定してきており、地域に出向いていけるようになっている。拠点で行う親子教室への参加を促したり、近隣の子育てひろばを紹介し、少しでも暮らしや子育て環境の範囲が広がるよう継続的に関わっている。

☞ **こどもの育ちやそれに伴う母親の状態の変化を理解する**

事例 5 【発達に不安のある親子】
ママ友との関係を保ちつつ、親子のニーズに応じた支援につなぐ

母親・第1子（2歳）

　2歳男児とその母親。仲良しのママ友たちと拠点を1歳頃からほぼ毎日利用している。男児は1つのことに興味を持つとすごく集中するが、他のことに興味が広がらなかったり、走り回ったり、一方的にしゃべりこちらの話に注意が向かなかったりする。母親は拠点のスタッフとのおしゃべりの中で「他の子とは違うのではないか」と不安を漏らしていた。

　男児は文字やマークを覚えることが得意で、まずはそのことが男児の特徴であり強みであることを母親と確認した。また継続して母親の不安や愚痴を聞きながら、男児なりに成長している面を伝えたり、母親と同様の不安を持つ親を対象とした事業やプログラムなどを伝えた。

☞ こどもの特徴の理解を基に、こどもをみる他の観点や機会を示してみる

　母親を心配したママ友たちが、「どのように当該親子と接したらよいか」と相談にきた。「今まで通り親子に接しつつ、困っている時は手助けをしてほしい」と依頼。

☞ インフォーマルな支援者になりうるママ友との関係をとりもつ

　母親は困っている時は助けてもらい、ママ友たちから疎遠になることなく過ごせていることで安心し、わが子の特性を受け入れ、療育機関へ行くと申し出た。療育機関につなぐと母親は発達の不安について相談し、支援が受けられるという見通しがもてたことで安定した。拠点では、変わらずママ友たちと過ごし、母親の表情も明るくなった。ママ友たちも困った時はスタッフに相談すればいいし、スタッフもこの母親を支援していることを知り安心感を得たようで、心強いインフォーマルな支え手になってくれている。

☞ 母親が不安を感じる状態に向き合い、こどもと自分にとって必要なことを見極められるよう安心できる環境を整えて、母親の自己決定を待つ

☞ これまでの関係を基盤としたインフォーマルな資源との取り組み

【孤立する親子】
事例6 親子を包摂する地域力の醸成

母親・父親・第1子（8か月）

　高齢者が多く居住する団地内で拠点を運営しており、毎年「防災訓練」と称して多世代の交流を行っている。屋外イベントは地域の方に声をかけるチャンスになる。通りがかりのシニア男性に声をかけたところ団地内に住むひとり暮らしの方だった。それがきっかけになり、拠点で行っているイベントでの節分の鬼役や、七夕の笹を切ってもらったり、お楽しみくじの立ち合いをお願いしたりなど暮らしの中のサポートを依頼していった。

☞ **日ごろから地域のイベント等を地域住民とつながる機会と捉え、専門員自身が地域の中に顔見知りを沢山つくる**

☞ **役割を明確にすることで拠点の中に地域の人の居場所をつくる**

　保健師から専門員に、障害のあるこども（8か月）の見守りの依頼が入った。ある日、拠点の絵本を読む会にその親子の参加があった。ただ、母親は終わると誰とも目を合わさず、すぐに帰っていった。専門員は、「親は子に絵本のプログラムを体験させたいが、障害があることを隠したいのかもしれない」ということを、拠点スタッフと共有した。

☞ **拠点事業のスタッフと専門員で情報を共有し、支援の方向性を確認しながら、親子を支援するための協働体制を整える**

　その後も折々にメールやポスティングで拠点へ誘っていたところ、また親子で参加があった。母親が、保育園探しについての意見の相違により父親との関係がぎくしゃくしていると、専門員に話してきたので、男性職員もいる児童館の子育てイベントに、「ぜひパートナーも連れてきて」と誘った。イベントでは、専門員が声をかけた地域の支援者が、勢ぞろいで親子を温かく出迎えた。専門員は父親とこどもを拠点に誘ったところ、後日父子で来所し、他の親子との交流ができた。拠点の中では、拠点のスタッフが親子と他の親子の交流の様子を見守った。

☞ 拠点への来所がなくても親子とのつながりを保つ

☞ 専門員が所属する拠点に来てもらうのではなく、親子の興味があるところ、行きやすいところに誘う

☞ 地域の資源を俯瞰しながら、父親を含め今この家族の関わりやすい資源を紹介する

　ある時、拠点の庭で母親と専門員が立ち話をしていると、ボランティアのシニア男性が通りかかった。「オレは結婚も子育てもしなかったけどさ、子育てってーのは本当に大変なんだなと思ってさー。今のおかあさんたちはがんばってるよね」。普段は無口で朴訥(ぼくとつ)とした方からの思わぬ声かけに、母親の目に涙が見られた。

　その後拠点では、他の子と混じってのびのびと遊ぶ親子の姿が見られた。父親とこどもだけでも来所するなど地域の中に馴染んでおり、地域のイベントで専門員に声をかけてくれるほどになった。

☞ 拠点の中だけでなく、親子の状況や状態を見ながら地域の中で他の人も話に加われる雰囲気の「立ち話」を心掛け、拠点以外の地域で見守ってくれる人との出会いをつくる

事例7 【転居してきたひとり親家庭】
地域ぐるみで妊娠期からひとり親家庭の親子を支える

母親・第1子(3歳)

　保健師から専門員に、地縁血縁のない土地に転居し、出産後はシングルでこどもを育てることになる妊婦について情報提供があった。出産後本人から専門員に「子育てが初めてで頼る人もいない」と連絡があったので、家庭を訪問しながら様々な情報提供を行った。その後、母親は家事ヘルパーを利用し、拠点にも遊びに来るようになり、拠点の他の利用者とも仲良くなっていった。

☞ 保健師と支援が必要な親子に関する情報をやりとりする関係ができている

- ☞ 親子は、専門員との関係を頼りに拠点にも来訪するようになる

- ☞ 親子の他の利用者との関係を育む力を捉える

　母親は自家用車を所有しておらず、急勾配の道を、ベビーカーを押しながら一日数本のバスで拠点に来所。悪天候でもこどもをおぶって遠くのごみ捨て場に行くなど、日々の大変な生活の様子を見て地域の方が労ってくれたり、こどもを可愛がってくれたりするようになった。また、この地域では、以前より「ごみ捨て場を地区の近くに設置して欲しい」と求める声があったが、この親子の姿が一つのきっかけとなり、関係者が会議を重ね、新しいごみ捨て場が親子の家の近くに設置されることになった。

　さらに、この地域は高齢者が多く住む地区だが、以前よりバス停までの距離が離れていることが地域課題としてあった。半年後、住民の声で親子が住む家の近くに、新たにバス停が設置されたので、親子はとても喜び、その姿を見て地域の人々も喜んだ。その後も継続して専門員は親子を訪問し、地域の方々には母親が常々口にしている感謝の言葉を伝えた。

- ☞ 地形など土地の環境、地域の状況からも親子の暮らしの状況や「苦労」を捉える

- ☞ これまでの中高齢の住人であれば、何とかなってきたという日常に埋没していた地域課題が、子育て家庭という新しい住人により改めて注目を得て、その存在が解決に向けての原動力となる

- ☞ 母親を介して専門員も地域住民とのかかわりを積極的に行う

- ☞ 母親が常に口にしている感謝を地域の人々に伝えることで、この親子を含む子育て家庭への理解者を増やしていく

　その後、母親は在宅ワークを始め、拠点での一時預かり事業を活用することになった。その送迎のため専門員がファミリー・サポート・センター（以下、ファミサポ）の担当につないだり、こどもの体調不良時は病児保育等も使えるようにしたりするなど、仕事をしながらこどもを育てるための体制づくりを支えた。月日が経ち、母親は「たくさん助けてもらったので」と子育て支援員講座を受講。現在はファミサポの提供会員、一時預かり事業の託児者として多くの子育て家庭に関わっている。

☞ こどもの成長や母親の自身の回復に伴う生活の変化に必要な支援をタイミングよく紹介し、つないでいく

☞ この地域での子育ての体制が整い、安心を得た母親が他の家庭の支え手になる意欲と行動を支える

利用者支援事業の取り組みにおいて大切にしたい視点

　前節で述べたように、利用者支援事業は、情報提供やサービス利用を希望する家庭から少し心配な家庭、要支援家庭までを対象とする事業です。利用者が子育てに困難さを有していても、主体的に情報を入手したり、サービスを利用したり、「地域」の中で支え合いながらこどもを育てることが実現できるように、専門員は、利用者親子と「地域」双方に働きかける役割を有しています。このようなその親なりに地域の中に子育ての体制を整えていくことを支えるためのコーディネートともいえる利用者支援事業に取り組む際に大切にしたい視点は多くありますが、7つの事例に紹介される専門員の働きをふまえ、大きく三点に整理しておきます。

　第一に、利用者支援事業では、支援の初期から親子を「地域」で支えることをイメージしておく必要があります。この時の「地域」とは、その親子にとっての近隣地域のことであり、「地域」の資源には、他の子育て家庭、近隣住民を含むインフォーマルな資源と専門機関等のフォーマルな資源があります。事例2、5、6、7では、親子は専門機関の支援も利用しつつ、他の子育て家庭や近隣住民との支え合う関係も有しています。必要があればサービスにつなぐのではなく、最初から「地域の中にどのような関係があればこの家族なりにこどもを育めるのか」を考え、常に家族の状況を見極め、親子を含む家族と「地域」をつなぐタイミングを見計らう姿勢が求められます。

　第二に、基本型は、専門員がその親子の暮らす地域の中にいて、親がこどもを育てる体制を整えることを支える働きを有していることに特徴があるといえます。暮らしの中では、その親子の相談からは捉えられない苦労、苦労に向き合う力、工夫している姿、親子が有する地域の関係が見えてきます。例えば、事例7では、保健師の情報からは、転居先で頼る人もいないという弱い側面しか伝えられていませんが、地域では、悪天候の中こどもをおぶって遠いごみ捨て場にごみを捨てに行く母親の姿が捉えられていました。「暮らす」ためには、何らかの工夫をしたり、誰かや何かに働きかけたりしなければ、暮らしが成り立たないためです。専門機関の多くは、「支援を必要とする親子」の側面しかみえません。ですが、利用者支援事業は、地域の中に共にいるからこそ、その親子が暮らしの中で発揮する小さな工夫、力、働きを見出しながら、地域の人々とともにそこを支えていくことが

できるのです。

　第三に、専門員には、その親子が地域に接触することを支えることと、地域側の体制をつくっていく働きが求められます。それは、専門員がその親子や家族を「気にかける」ことから始まり、地域の中にその親子や家族を「気にかけてくれる人」を増やす取り組みともいえるでしょう（例：事例6、7）。事例にみるように親が自分自身では、ニーズをうまく伝えられないこともあります。その際専門員は、地域側に理解されやすい伝え方を紹介する（例：事例1）、サービス等の利用に同行する（例：事例3、4）など親子と地域がうまく接触できるように親子に働きかけています。一方で、地域側の体制をつくることも専門員の働きになります（例：事例2、5、6、7）。例えば、事例5では、その親子と交流のある「ママ友」からの相談にも応じ、その親子とのかかわりを支えることで、その親子が地域の中にある関係を保ちながら、こどもに必要な専門的な支援を得ることを叶えています。事例6では、子育て家庭から高齢者家庭まで共通して必要とされる「防災訓練」を地域の人々と交流する機会と捉えて積極的に活用し、高齢者が今の子育てを理解することを支えています。事例7では、ごみ捨て場やバス亭が設置された後に、専門員は親子の感謝の気持ちを地域の人々に代弁しています。

　このように親子やその家族、そして地域双方への働きかけが親子にとって有効に機能するためには、事例が生じる前から専門員自身が地域のネットワークの中に位置づいていることが非常に重要となります。具体的な「利用者支援」（個別支援）などの目的がないにも関わらず、地域に出かける専門員の働きは、理解されないことも多くあります。しかし、専門員が地域に出かけて、地域の人々と知り合い、会話を交わし、親子や近隣の人々から、こどもや子育てのことで少し心配なことがあればふとした時に思い出してもらえる関係をつくっていれば、その人脈を辿って地域にあるこどもや子育ての困りごとが専門員に届くことがよくあります。事例1、2、3、5では、個別的な支援が必要な状況が生じる前から親子の状態を把握していたり、親子との関係が構築されています。また事例4、6、7は、他領域のソーシャルワーカーや保健師からの紹介事例ですが、専門員が地域のネットワークに位置づいていることで、このように他の機関等から専門員が頼りにされるという状況も生じます。

　事例が把握される以前から、専門員が専門機関や親子、地域の人々に認知され、かつ地域の関係の中に存在している。その関係は、親子が安心して暮らす、こどもを育てる、こどもが育つセーフティーネットになる。利用者支援事業基本型を行うメリットはここにあるのです。

【引用文献】

- 岩間伸之「地域を基盤としたソーシャルワークの基本的性格」岩間伸之・原田正樹編著『地域福祉援助をつかむ』有斐閣、2012
- 岩間伸之「個と地域の一体的支援」岩間伸之・原田正樹編著『地域福祉援助をつかむ』有斐閣、2012
- 岩間伸之 「地域における個別支援の基本的視座」岩間伸之・原田正樹編著『地域福祉援助をつかむ』有斐閣、2012

【参考文献】

- 橋本真紀 『地域を基盤とした子育て支援の専門的機能』ミネルヴァ書房、2015
- 岩間伸之・原田正樹編著『地域福祉援助をつかむ』有斐閣、2012
- 柏女霊峰監修・著・橋本真紀編著 『子ども・子育て支援新制度 利用者支援事業の手引き』第一法規、2015
- 「利用者支援事業の実施について」令和6年3月30日 こ成環第131号・こ支虐第122号・5文科初第2594号こども家庭庁成育局長・こども家庭庁支援局長・文部科学省初等中等教育局長連名通知
- 「利用者支援ガイドラインについて」令和6年3月30日 こ成環第132号・こ支虐第141号・5文科初第2595号こども家庭庁成育局長・こども家庭庁支援局長・文部科学省初等中等教育局長連名通知
- 芝野松次郎「ソーシャルワークとしての「子育て支援総合コーディネート」事前モデルの開発的研究」、2011
- 中川千恵美「地域における子育て支援コーディネーターの業務内容の役割の検討について」、2011
- 平田祐子「子育て支援総合コーディネート事業の変遷：子ども家庭福祉分野のケースマネジメントとしての必要性」、2012

利用者支援事業の運営

第4章 利用者支援事業の運営

第1節 利用者支援事業の実施にあたって

　利用者支援事業は、2015（平成27）年より子ども・子育て支援法に位置づく事業として行われていますが、現在に至るまで、地域のこども・子育て支援をめぐる制度は、何度か見直しが図られ大きく変化しています。例えば、こども家庭福祉施策としては、2017（平成29）年に子育て世代包括支援センターおよび市区町村子ども家庭総合支援拠点の設置が市町村の努力義務となり、2024（令和6）年からは、両制度を統合したこども家庭センターの設置が目指されています。2023（令和5）年には、このような地域ごとの包括的な支援体制を支えるためにこども家庭庁も創設されました。つまり、こどもの育ちや子育て家庭を支えるためには、地域全体の機能をどのように作り上げていくのかを市町村ごとに検討し、住民を含めてともに作り上げていくことが重要になってきます。このようなこども家庭福祉施策の変化や子育ての状況に合わせて、第1章で解説したように利用者支援事業の事業形態も変わりつつあります。

　地域の包括的な支援体制においては、縦断的、横断的に支援の網の目を張り巡らせ、切れ目なく、誰一人こぼれ落ちることのない地域をつくることが目指されています。利用者支援事業も地域の包括的な支援体制を構成する1つの事業として、機能することが求められています。しかし、実際の運営では、いくつかの事業の内容や対象範囲が重複しているにもかかわらず、専門的観点の違いから支援の方向性が異なっていることもあります。市町村には、そのような状況においても、市町村が行うすべての事業、インフォーマルな資源も含めてそれらを今ある資源として、地域の特性や状況に合わせて調整し、仕組みや機能を向上させていくことが求められます。

　このような地域の包括的な支援体制において、利用者支援事業はより子育て家庭に近い立場で、それらの仕組みや機能がこどもや子育て家庭にとって有効であるように媒介する役割を担っています。利用者支援事業ガイドラインには、他の事業との関連性について、以下のように示されています。

> 　利用者支援は、敷居の低い身近な地域の施設等において相談に応じるのが特徴であり、また、施設や事業等の利用支援のみでなく、地域連携等によって予防的機能を担う機能があることが、公的機関に属する専門職による相談と異なるものである。
>
> （利用者支援事業ガイドライン：7）

　利用者支援事業、特に基本型は、子育て家庭にとって地域の中でより身近にあり、転勤、

出産、困りごと等、何かが生じる前から子育て家庭とつながり、「何かがあっても大丈夫、みんなに支えられて私はこどもをなんとか育てられる」という実感を子育て家庭が得られるよう、支える役割を担っています。

1 利用者支援事業基本型における社会資源の捉え方

　利用者支援事業、特に基本型は、地域の中でより身近であり、こどもの育ちや子育てに支援が必要になるそれ以前から取り組みを進めていくという特徴があります。その特徴は、情報提供等において何を社会資源と捉えるのかという点にも認められます。

> 　子ども・子育て支援法上の施設・事業等のみならず、医療・保健等の隣接する他の領域のフォーマルな事業、近隣住民やボランティアなどによるインフォーマルな取組みも含め、その子育て家庭に最もふさわしい支援のあり方を提示することが期待されている。
>
> （利用者支援事業ガイドライン：4（3）①）

　児童相談所、社会福祉事務所等の専門的な機関における情報提供は、国や地方自治体からの補助金等により運営されているような機関、事業等の情報、いわゆるフォーマル（公的）な情報が主となりやすい傾向にあります。しかし、利用者支援事業ガイドラインにおいて、特に基本型では、あえて「近隣住民やボランティアなどによるインフォーマルな取組みも含め」と明記されています。この背景には、地域子育て支援拠点事業等、すべての子育て家庭を対象とした支援の実践が積み重ねられる中で、他の専門機関が担うフォーマルな情報を中心とした情報、またそれらによる支援のみでは、日常のこどもの育ち、子育て家庭の暮らしを支えるには不十分であることが明らかになってきたことがあります。利用者支援事業では、地域のフォーマルな情報のみでなく、インフォーマルな情報も細やかに捉えて、その子育て家庭にとって最もふさわしい支援の情報を提供することが期待されているのです。

　利用者支援事業の設置か所が増える中で、公的な事業としての位置づけとともにインフォーマルな情報を提供する重要性についても認知されつつあります。一方で、いまだにインフォーマルな情報の取扱いについて市町村担当者から理解されず、苦慮している利用者支援専門員（以下、専門員）も見受けられます。市町村の担当者とは、利用者支援事業の実施要綱やガイドラインをともに読み、検討を重ね、国から期待されている利用者支援事業に求められる本来の役割の理解を共有していくことが必要です。これは、市町村担当者に子育て家庭にとって必要なことを伝えるアドボカシーといえ、専門員の大切な役割の一つです。

利用者支援事業のための実践ガイド　079

第4章 利用者支援事業の運営

第2節 **利用者支援事業基本型の取り組み**

1 ニーズを捉えること

　利用者支援事業のように敷居の低い、身近な相談窓口は、それだけ対象範囲が広いということになり、多様な人々から多様な相談、ちょっとした困りごとが持ち込まれます。そのような場合、サービス等につなぐ利用支援にしても、子育て家庭の相談援助の対応にしてもニーズの把握が重要になってきます。

　ニーズを捉える場合、「そもそもニーズとは何か」という点についての理解が必要です。ニーズとは、「人が社会生活を送るうえで、必要となる身体的、心理的、社会的、物理的なものである。(後略)」[1]とされています。この定義をもとに改めてニーズを考えてみると、利用者がこうしてほしいと言ってきたものに加えて、その人が社会生活を送るうえで社会とその人の間で「うまくいっていないこと」がニーズになります。そこには身体的、心理的、社会的、物理的なことすべてが含まれます。また、子育て家庭の相談は、親が相談者になる場合が多いのですが、こどもの視点で考えれば、こどもの権利、こどもの最善の利益という観点からの捉えが必要になります。相談を受ける側としては、相談内容で表現されないニーズにも目を向けていく必要があります。ニーズを捉える意味においては、事業形態にかかわらず、常に基本姿勢を保つことが求められます。

　利用者支援事業において生じがちなことは、利用者支援事業は他の専門機関の支援に「つなぐ」ことが主たる役割であり、自分たちが子育て家庭のニーズを詳細に聴く役割ではないと考えてしまうことです。「つなぐ」行為は、主体である相談者の立場、視点からニーズをしっかりと捉えて、そのニーズに応じる最もふさわしい支援は何なのか、どこなのかを相談者である子育て家庭とともに考えていくその取り組みが土台になります。

　こどもの一時預かり事業等の利用を求める子育て家庭を例に、中核的なニーズによるその後の支援の違いを解説します。一時的な保育の利用を希望する子育て家庭には、突発的な事情やレスパイトを求めている場合もあります。もちろん他のニーズから一時預かりを希望される子育て家庭もありますので、あくまでもここではこの2つのニーズから考えていきます。

　突発的な事情が生じて一時預かり事業等の利用を希望される場合は、その家庭が想定していなかった事態が生じ、緊急にこどもを預かってくれる人や場所を探すことが多くあり

---

[1] 九州社会福祉研究会＝編，編集代表 田畑洋一，門田光司，鬼﨑信好，倉田康路，片岡靖子，本郷秀和「21世紀の現代社会福祉用語辞典〈第3版〉」学文社,2022,P.349

ます。その状況が、一時預かり事業の実施時間外に生じることもあります。一時預かり事業等を利用する場合には、事前の登録が必要であったり、今からこどもを預かってほしいという急なニーズに応えられないこともあります。そのため、子育て中の人たちにはあらかじめ、一時的な保育やファミリー・サポート・センターへの登録を勧めています。ただ、子育て中は、どうしても突発的にこどもを預かってほしい状況が生じます。このような相談が入ることを想定し、事前に即日対応が可能な事業者を探しておきます。この取り組みは、利用者支援事業の「地域連携」の一環で行われています。利用者支援事業基本型は、「利用者支援」と「地域連携」が一体的に展開されることが特徴とされていますが、まさにその実例となります。

　次に、レスパイトのニーズから一時預かり事業の利用を希望される事例です。レスパイトとは、「休息」や「息抜き」という意味で、育児疲れ、養育困難にある人が一時的にそこから離れることを指します。レスパイトの場合、育児疲れという根本問題があり、一時的な休息で済む場合だけでなく、長時間の休息、定期的な休息が必要な事例もあります。時には、合わせて育児相談やカウンセリングが必要な事例もあります。このような事例では、利用相談の過程で利用はしたいけれどお金がない、家庭に制限がある、制度が難しくてわからない、申請に行く元気がないなどの他のニーズが捉えられることもあります。働けないため経済的な余裕がない、心身の疲労から課題解決のためのエネルギーが不足していることなどがあるのです。それほど難しい手続きではない申込手続きも、力の落ちた時には、相当なエネルギーと頑張りが必要になります。そうなるとレスパイトで一時預かり事業等を利用しようとしている人に、専門員が「頑張らせる」ことになってしまいます。このような事例においては、こどもを預かってもらうよりも、子育て世帯訪問支援事業により支援者に家庭を訪問してもらうこともあります。ただ、レスパイトの場合、いくつか複数の要素が絡み、利用に結び付かない事例も見受けられます。ニーズを「社会とその人の間で『うまくいっていないこと』」と捉えると、レスパイトの利用としてのニーズは、社会側が変化して対応することが必要な場合もあります。

　以上のように、一時預かり事業等だけ捉えてみても、これだけのニーズや事情、状況が交錯します。どのような相談においても、まずニーズを捉え、子育て家庭自身がそのニーズに向き合い解決できるような支援の方策を模索していくことになります。また、現在の社会資源で対応できないニーズが把握されるということは、子育て家庭のニーズに応じる体制が社会側に十分に整っていないということです。応じられない、応じられなかったニーズを起点として、包摂的な支援体制を再構築していく、そのために他の専門機関や行政にそのニーズを伝えていくことも利用者支援事業基本型の重要な役割です。

第4章 利用者支援事業の運営

2　情報の収集と提供

　ニーズを捉えた上で必要な情報を提供し、つなぐためには、ニーズに対応しうる多様な情報をインフォーマルな情報も含め、事前に収集、蓄積していく必要があります。ガイドラインでは、収集する情報として図表4-1の資源が示されています。またこれらの社会資源に加えて、隣接地域等の広域情報も収集する旨、記載があります。その市町村等において適切な施設、事業があるとは限らず、子育て家庭に隣接する市町村等が実施する事業やサービスを紹介することもあります。利用者支援事業は、転居家庭からの相談も多くありますので、市町村により異なるサービスがあるという点についてよく把握しておくことが必要です。さらに近年では、介護と子育てのダブルケアなど、他領域のニーズを抱えている家庭からの相談もあります。子育て家庭を対象とした事業だけではなく、地域包括支援センターや市区町村社会福祉協議会など、他領域の情報も把握しておく必要があります。

　ガイドラインには、情報について非常に興味深い記載があります。インフォーマルな情報の提供についての一文です。

> 　客観情報の提供だけでは、利用者支援機能として十分とは言えず、地域連携機能を通じて培い蓄積してきた、行政では把握・提供しにくい、子育て家庭に寄り添う視点からの「活きた情報」を提供していく姿勢が重要である。
>
> （利用者支援事業ガイドライン：4（3）②）

図表4-1　利用者支援事業で情報を収集する資源例〈利用者支援事業ガイドライン4（3）②〉

具体的には、地域における
　ア．教育・保育施設（認定こども園、幼稚園、保育所）
　イ．地域型保育事業（小規模保育、家庭的保育、居宅訪問型保育、事業所内保育）
　ウ．地域子ども・子育て支援事業（地域子育て支援拠点事業、一時預かり、放課後児童クラブ等）
について、その
　　A) 施設（名称、種類、所在地）や設置主体・事業主体（自治体、法人、団体の種別）
　　B) 事業実施時間等（実施日、実施時間、月間スケジュール等）
　　C) 事業内容
　　D) 提供形態（施設型・訪問型・出張型の別、無料・有料の別）
等の収集が必要である。
　また、地域に所在する小児科・産婦人科等の医療機関、こども家庭センター、保健所・保健センター等の保健機関、児童相談所、福祉事務所や自治体の福祉の窓口等の福祉機関、児童・民生委員（主任児童委員を含む）、母子・父子支援の窓口や機関、DV等の問題に対応する様々な関係機関等についても、その名称（名前）、所在地（居住地）、利用等可能日・時間
の情報を収集、整理し、相談時等に必要になった時に備えておく必要がある。

この記載を見てもわかるように、利用者支援事業は、単に社会資源を紹介する場所では
ないことがわかります。活きた情報を提供するには、こちらが活きた情報をもっていなく
てはなりません。ただ、情報の詳細まで覚えておく必要はなく、どのニーズにはどのよう
な機関や事業、住民活動、人々が支援をしているのかという体系を捉えて、それらの窓口
の担当者や地域住民と関係をつくりつつ、事例が生じた際には子育て家庭とともに事業の
ホームページや SNS を活用しながら調べていきます。その過程で子育て家庭自身が、地
域の多様な社会資源を把握していくことを支えていくことになるのです。

3　助言と利用支援

　助言（アドバイス）は、相手のためになると思って、情報を有している人から必要とし
てる人にその情報を伝えるということです。また多くの場合、先生、先輩、上司、専門家
から、生徒、後輩、部下など、優位な立場にある人から下位の立場の人に情報を伝える時
に使用される言葉です。専門員は、助言（アドバイス）を行うにあたって、まず利用者（子
育て家庭）に対して専門員という自身の立場の優位性を十分に自覚しておく必要がありま
す。また、「相手のためになると思って」ということにも十分な留意が必要です。
　ここでは、F・P・バイスティックが示した「個別化」と「自己決定の尊重」から助言（ア
ドバイス）における専門員の態度を示しておきます[2]。一時預かり事業等の利用ニーズで
示したように、同じ一時預かり事業を利用したいというニーズがあっても、その背景にあ
る家庭事情やその親子の状況、特性は異なります。まずは、専門員がその親子の課題を解
決してあげるのではなく、その親子の立場と観点からニーズを捉えます。そのうえで、何
があればその親子自身がその親子なりに、自らと社会の間にある「うまくいかないこと」
に向き合い取り組めるようになるのかをともに考えます。助言（アドバイス）するにあたっ
ても、他でもない「その親子なりに」という意識を支援の中心に据えることです。
　また、ガイドラインには、「本事業の事業者側が勝手に選択・判断したり、利用者である
子育て家庭に選択・判断を迫ったりすることのないよう、十分留意することが必要である」
と記載されています。「自己決定の尊重」とは、情報だけ提供してあとはご自身で判断して
くださいということではありません。その子育て家庭が混沌としている情報の中から、親
である自分とこどもにふさわしいと思われる支援に関わる情報を選び、それらの支援を利
用した時に生じるメリット、デメリットを見極め、自らに最もふさわしいと思われる支援
を選択していくプロセスに伴走し、その親子が判断する勇気を支えることといえます。

---

[2] F・P・バイスティックが示したケースワークにおける不可欠な 7 つの原則のうちの 2 つ。
F・P・バイスティック著，尾崎新，福田俊子，原田和幸訳「ケースワークの原則〔新訳改訂版〕援助関係を形成する技法」
誠信書房 ,2006，P33「個別化」，P159「自己決定の尊重」

第4章 利用者支援事業の運営

4　相談等の記録

　適切な支援活動と支援活動の継続性の担保、事例検討、関係機関等との的確な情報共有等のためには、援助内容を記録しておくことが必要です。ガイドラインには、記録について次のように示されています。本項では、その内容に沿って記録の目的や種類について解説します。

> 　事業を利用する保護者のニーズを把握したり、相談を受けた際には、適切な支援活動と支援活動の継続性の担保や、事例検討、関係機関等との的確な情報共有等のために、得た情報を記録しておくことが重要である。本事業における記録には、相談記録や事例経過を記した支援記録と、ケース会議を開催した場合のケース記録が想定される。
>
> （利用者支援事業ガイドライン：4（3）④）

（1）記録の目的
　利用者支援事業の記録の目的は、①適切な支援活動、②支援活動の継続性の担保、③的確な情報共有の三点があげられています。

①適切な支援活動
　適切な支援活動を実現するために記録に求められることは、援助の根拠を示すことです。「対人援助者が記録を書く目的は、自分がどんな支援を提供したか、またそれを選択するに至った判断基準が何だったかを明らかにし、まさに『記録』して残すことにある。対人援助者の記録は援助者当人のためのものではなく、クライアントに加え、第三者が見るためのものである」（八木 2023）[3] といわれています。記録には、援助において「何をしたのか」という行為だけではなく、「なぜそのように判断したのか」という判断の根拠、援助の意図を明記します。また専門員は、自分自身で、同僚や他の専門職とともに記録を読んで、援助を振り返って考察し、次の援助を検討します。このプロセスをたどることが援助の質向上につながります。つまり、専門員には、実際の援助と記録の間に意識的に相互性を持たせること、記録を適切な支援活動を実現するための手段として活かしていくことが求められます。

---

[3] 八木亜希子「相談援助職の記録の書き方─短時間で適切な内容を表現するテクニック」中央法規出版 ,2012

084

②支援活動の継続性の担保

　専門員は、複数の子育て家庭に同時並行的に支援を行っています。一つひとつの事例について、対象である親子の状況の詳細を記憶し、以前の援助との整合性を担保しながら適切な援助を継続していくことは、経験がある専門員でも容易ではありません。前項に示す適切な支援活動を継続するためには、記録を活用することが必要です。また利用者支援事業は、組織で請け負うものなので、日常的に複数の専門員が交代で対応することや、異動、退職により専門員の担当が変わることもあります。専門員の交代によって利用者への対応が低下する、ましてや、わからないということでは済まされません。このような組織側の事情による専門員の交代が、利用者への支援活動に影響しないよう客観的に状況や経過を理解できるように記録を作成しておきます。さらに、利用者の同意を得て他の機関と連携する場合、利用者の支援活動を他の機関等に引き継ぐ場合においても、支援活動の継続性を担保するために記録を活用することがあります。

③的確な情報共有

　利用者支援事業は、その役割に明示されているように、この事業単独で「相談を受けて応じる」ことは少ない事業です。その役割は、子育て家庭が、地域の中で多様な資源からの支えを得ながらこどもを育てていけるように、子育て家庭と資源との関係を取り持つことにあります。そのため、他の専門機関等と連携・協力しながらの支援活動が多くなります。組織内外にかかわらず、連携機関の同一担当者（例えば同じ保健師）と同じ場所で複数の事例について事例検討を行うこともあります。それぞれの事例について的確に情報を共有するには、その事例検討にかかわるすべての従事者が、視覚的、客観的に同じ情報を確認できる記録が重要な役割を果たします。

（2）何を記録するのか

　利用者支援事業の記録の項目例については、ガイドラインにおいて次のように示されています。これはあくまでも例示ですが、ここに示される項目を参考に利用者支援事業において「何を記録するのか」について解説します。

> （記録内容の例）
> • 相談記録に関する項目（相談を受けた日付、相談を受けた子育て家庭に関する外形的情報や子育ての状況、相談内容や家庭の意向・希望、支援の方向性 等）
> • 支援記録に関する項目（事例の経過、所感、等）
> • ケース会議に関する項目（ケース会議日時や参加者、家族の意向・状態・課題、支援目と具体的支援内容、等）
>
> 　　　　　　　　　　　　　　　（利用者支援事業ガイドライン：4（3）④）

第4章 利用者支援事業の運営

　利用者支援事業の記録には、対象となる子育て家庭の基本情報、支援経過、事例検討（ケース会議）の記録の3つがあります。対象となる子育て家庭の基本情報とは、受付番号、名前等の個人情報（匿名可）、家族構成（ジェノグラム含む）等に加えて、初回の相談内容（相談のきっかけ）や家庭の意向・希望、支援の方向性等です（図表4-2参照）。前項で述べたように支援活動と記録は連動したものです。利用者支援事業において「主体者」は常に親子であることを意識しておくことが必要ですが、記録においてもこの姿勢が求められます。親子のニーズ・意向・希望をしっかりと聴き、それらに沿って親子とともに支援目標を立てそれを記録しておきます。親子のニーズは捉えても、専門員がよかれと思って支援目標を親子に相談せずに立てることがありますが、社会の都合に親子を適応させることは、利用者支援事業の目的ではありません。そして必ずしも親子のニーズ・意向・希望に添えないことがあったとしても、親子が自身のニーズ・意向・希望を理解し、それが叶わないならその代替案を多様な資源から見出していくなど専門員はその道のりに伴走していきます。支援活動において、「主体者」が親子であることを専門員が意識し続けられるように、基本情報、もしくは次の支援活動の経過の冒頭に親子とともに考えた支援目標を記載しておきます。

　また、基本情報を記録しておくことは、親子の状況を話題から察知したり、さりげなく話題を向けたりすることにも役立ちます。初回の相談時に把握された内容を基本情報として記録し、支援目標を実現するために必要な情報は何か、次に親子に会う前に整理しておきます。例えば、近しい人からの援助があるのか、紹介したサービスを利用することは経済的に可能か、家族の健康状態、生活状況はどうかなどです。事前に整理しておいた支援のために必要な情報を、親子が話す話題から捉えたり、話の流れの中で尋ねたりすることも可能となります。

（3）記録の書き方

　記録は、正確であること、誰が読んでもわかるように書くこと、相談者の人権、人格を尊重し、利用者支援事業実施要綱に示される倫理事項に基づいて記載をすることが大切です。

①正確であること

　記録の目的で示したように利用者支援事業の記録は、適切な支援活動、支援活動の継続性の担保、的確な情報共有を目的として作成しています。また記録は、当事者である親子が求めれば開示するものです。つまり、支援活動の対象者である親子を含めて関係者の誰が読んでも理解できることが必要です。そのため、基本情報、支援経過については、原則客観的に記述します。例えば、「母親は、ひろばの中で遊ぶこどもの様子を嬉しそうにみていた」という文章の中で、「嬉しそうに」という表現は主観になります。「母親は、ひろばの中で遊ぶこどもの様子をみて微笑んでいた」というように、専門員が「うれしそ

図表 4-2 相談記録用紙（一部抜粋例）

							相談記録用紙　（一部抜粋例）

No. _____

				年月日	年　　　月　　　日
保護者氏名			歳	記入者名	
子どもの名前		男　・女	生年月日　年　　月　　日　歳　　か月		

	続柄	氏名	年齢	職業	同居・別居	特記事項
家族						

家族構成	エコマップ

最初のやりとり

相談の内容

子どもの状況	
育児環境	
支援の方向性	

う」と感じた母親の姿（表情、言動等）を正確に客観的に記します。「嬉しそうに」という主観は、支援経過記録の所感欄に、専門員がなぜ「嬉しそう」と感じたのかを根拠を示しながら記述します。

　その他、組織内で表記のルールを共有しておきます。例えば、表記を「母」とするか、「母

利用者支援事業のための実践ガイド　087

第4章 利用者支援事業の運営

親」とするのか、社会資源の正式名称を都度正しく書くのか、略式表記とするのかなどです。略式にする場合は、「地域子育て支援拠点事業（以下、拠点事業）」を初出に入れて、再出箇所は拠点事業と表記するなどの方法もあります。

②誰が読んでも、わかりやすく書く

　文章を書くにあたって基本的なことですが、５Ｗ１Ｈの要素を意識し論理的に記入していきます。「いつ・どこで・誰が・何を・なぜ・どのように」を明確に書くことです。特に主語が、抜けてしまうことがあります。また、支援活動の記録では、文章を短く書くことも大切です。接続詞を多用して長文になると、主語と述語の関係も曖昧になり事実関係が不明確になります。文章をうまく書くのではなく、事実と所感を分けてわかりやすく書くことを心がけます。ただ、文章をわかりやすく短く書くためには、一定の語彙力が求められます。組織内外の他の従事者が作成した事例記録、事例記録のテキスト、時にはその他の図書に目を通す習慣をつけ、記録作成に求められる程度の文章表現力を高めるよう努めます。

③対象者の尊厳を尊重すること

　利用者支援事業の専門員が受講に努めることが求められている子育て支援員研修のシラバスには、「記録は、対象家庭の支援を目的として作成するものであり、対象者の尊厳を尊重する姿勢で記述する重要性を理解する」ことが示されています。この対象者の尊厳を尊重する姿勢そのものは、記録だけでなく、利用者支援事業全体にかかわる根本的な姿勢です。記録においてその重要性が改めて示される意味は、記録には専門員の支援姿勢が表現されるからです。前述のとおり、記録は、支援活動の対象者である親子にも開示される可能性があります。対面では、丁寧に対応をしていても、記録の中に相談者を中傷するような記載があれば、それは記録だけの問題ではなく、支援活動全体の姿勢が問われます。このような意味においても、支援活動の姿勢と記録は連動しているのです。

　避けなければいけない表現は、思い込み、決めつけ、感情的な表現、誹謗中傷などです。専門員がこのような感情を持ってはいけないということではありません。専門員も、相談者の言動や行動により傷ついたり、怒りの感情を持ったりすることがあります。怒鳴られて、脅されたりしてとても怖い思いをした、ことがあるかもしれません。ただ、そのような場合であっても記録には、自分の感情をそのまま記述することは避けなければなりません。

（記載例）
Ａ　相談者は窓口で怒鳴り声をあげ、「訴えてやる」と脅してきた。
Ｂ　相談者は窓口で大きな声で机を叩きながら自身の主張を繰り返し、最後に「訴えてやる」と発言した。

すでに述べたように怒鳴る、脅すという表現は、専門員の主観です。特に「脅してきた」という言葉は、「訴えてやる」からの流れで、非常に大きな意味を持ちます。これは専門員が感じたおそれが表現されているからです。そのため、Aの文章を記録として第三者が読む場合には、支援対象であるその人の印象を読み手に与えてしまい、先入観を持たせてしまう場合もあります。一方で、大きな声、机を叩く、繰り返すは、具体的な行為であり、「訴えてやる」は発言内容です。専門員の印象や体験し感じたことは、所感や備考欄に記述します。また、専門員が「怒鳴り声をあげ、訴えてやると脅してきた」と感じたのであれば、同僚や上司に相談し、必要であれば次回の相談は複数で応じるなどして対応します。

(4) ジェノグラムとエコマップ

記録には、家族の状況や社会との関係などがわかりやすくなるように、ジェノグラムやエコマップを活用することがあります。

①ジェノグラム

ジェノグラムは、家族構造や婚姻関係、家族関係を図式化し、視覚的に分かりやすくした世代関係図です。

図表4-3は、父親・母親、こども三人が一緒に住んでいる五人家族のジェノグラムです。

図表4-3　ジェノグラムの記載例

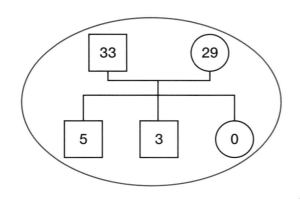

〈婚姻関係等〉

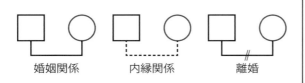

〈三世代表記〉

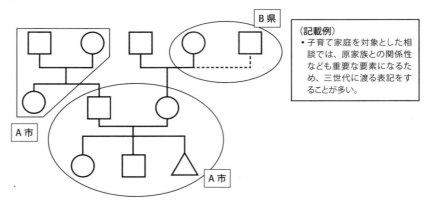

（記載例）
・子育て家庭を対象とした相談では、原家族との関係性なども重要な要素になるため、三世代に渡る表記をすることが多い。

　図表4-3〈三世代表記〉の図から読み取れることは、対象者家庭はA市に住む4人家族。家族構成は夫婦2人と長女長男の2人、母親は現在妊娠中です。父方の原家族は同じA市に住む、夫婦2人と同居の伯母（父親の姉）の3人家族で、母方祖母は、夫（母親の父親）と離婚、現在は内縁関係の夫と同居中。出産後、母方親族については、頻回な援助が難しいなどの想定ができます。親族の援助については、距離だけでなく、関係性が非常に重要です。

②エコマップ
　エコマップは、家族と社会資源の関係を図式化した社会関係図です。家族と資源の関係を線で示し、線の種類により関係性を表現します。エコマップは、検討をする際に、その子育て家庭が現在地域の中でどのような資源と関係があるのかを確認し、この他どのような社会資源とのつながりが期待されるか、またそのためにはどのようなアプローチが必要かなど、話し合う際に役立ちます。関係機関の連携会議などで、子育て家庭の理解を共有するためにも活用されます。

図表4-4　エコマップの記載例

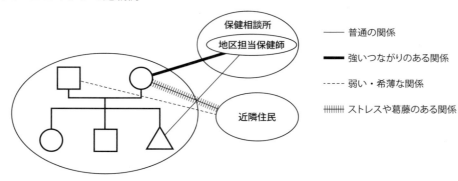

図表 4-4 においては、母親は近隣住人とのトラブルでストレスを抱えており、父親は近隣住民とは疎遠です。地区担当保健師が、この家庭に積極的に働きかけていることがわかります。

(5) ケース会議（事例検討会議）

ケース会議（事例検討会議）には、組織外の専門機関等と集う会議と、組織内で関係者が集う会議があり、いずれも必要に応じて行われます。前者は、対象の子育て家庭に関わる専門機関や、市区町村等によっては民間のこども・子育て支援団体等が参集し、子育て家庭の状況について情報を共有し、支援における課題や支援の方向性、関係機関の役割分担などについて確認や検討をするための会議です。したがって、前者の会議の記録には、日時、参加者、次回会議までに誰が何を行うのかという各担当者の役割分担、その他支援のための確認事項や決定事項を記録します。後者は、専門員がその子育て家庭にとってより適切に支援を行うために、支援の課題を確認したり、支援方法を検討するための会議です。記録には、対象の子育て家庭が願う目標（こうありたい）を実現するために、前回事例検討会議からの状況の変化、今後の支援の方向性や方法などを端的に記載しておきます。

5 相談を受ける仕組み、組織づくりと地域連携

地域の中で、利用者支援事業がよりよく機能するためには、市区町村等の相談を受ける仕組みを理解しておく必要があります。市区町村等には、こども・子育て家庭を対象とした多様な相談機関・窓口があります。それらの相談機関は、対象と機能が部分的に重複しています。その重複は、仕組みとして意図的に重複させていることもあれば、意識されず重複してしまっていることもあります。その縦断的、横断的にも対象と機能が重複している相談機関が、それぞれの対象と中核的な役割を意識し、他の相談機関のそれらを認識して連携することで、その市区町村等の相談体制が多層的になり、こどもと子育て家庭が安心して育ち、育てる環境になるのです。専門員は、その市区町村等の相談体制において利用者支援事業がどのように位置づき、機能することが子育て家庭にとって必要なのか、市区町村等の相談体制の体系を捉えながら、その体制の一構成員として理解しておく必要があります。利用者支援事業は、子育て家庭が親しんでいる場所で実施されることも多く、また相談の間口が広いため、他の専門的な相談窓口よりも幅広い相談内容に対応していること、地域の「アンテナ機能」を担っていることが特徴といえます。

(1) 要保護児童対策地域協議会

要保護児童対策地域協議会は、ほぼ全ての市町村等に設置されています。利用者支援事

第 4 章 利用者支援事業の運営

業は、この協議会の構成員となることが可能であり、構成員の間であれば、要保護児童等に関する情報共有等が行えます。市町村等は、このような要保護児童対策地域協議会の役割や機能を理解し、子育て家庭にとって親しみやすい利用者支援事業が、子育て家庭に支援が必要となった時にタイミングを逃さず十分に機能できるよう体制を整えることが必要です。利用者支援事業が、構成員となっていない場合には、事業の運営者が担当部署と協議し、構成員としての参加を図っていくことも求められます。

(2) 地域連絡会の参加・開催

市町村等の中には、こどもや子育て支援に関わる事業ごとに、また関連する事業で連絡会を設けていることもあります。このような連絡会には積極的に参加し、他の運営事業者に所属する専門員やその地域でこども・子育て支援に関わる支援者と交流します。また、担当地域で、こども・子育て支援活動を担う NPO 法人やボランティア団体、他領域の活動団体、専門機関等の交流会を企画することも利用者支援事業の役割の一つです。このような交流会は、地域の中で接点が少ない団体や地域の人々がつながるきっかけになります。時には、地域のこども・子育て家庭や世代を超えて共通する「困りごと」を発見したり、ともに取り組むきっかけとなったりします。そこから利用者支援事業の役割の 1 つである「社会資源の開発」にもつながることもあります。要保護児童対策地域協議会の事例検討会のような、支援が必要な状況が生じ「支援」を目的として参集するのではなく、何かが生じる前から地域の活動団体や人々が自身の「ひととつながる楽しさ」も含めてつながっておきます。それが地域のセーフティーネットとして機能することもあります。

(3) スーパービジョン

利用者支援事業は、保育所等や地域子育て支援拠点事業のように物理的な施設を有しないため、市町村等や他専門職から理解されにくい事業です。日頃から接している地域の人々や子育て家庭が、市区町村等よりも専門員の役割や機能を理解してくれていることもあります。専門員は、そのような状況で相談を担うことに孤立や迷いを感じることも少なくありません。このような専門員にとって、スーパービジョンは欠かせません。

スーパービジョンとは、一般的に同じ組織や専門職の中で、経験の少ない人がより経験がある立場の人から指導やサポートを受けることです。スーパービジョンには、教育的機能、管理運営的機能、支持的機能の 3 つの機能があると言われています。組織の中では、これらの 3 つの機能を一人の人が担う場合と、分担して担う場合があります。管理運営的機能、支持的機能のスーパービジョンは、組織の上司等から比較的得やすい機能といえます。一方で、教育的機能からのスーパービジョンは、前述のような利用者支援事業の特殊性も影響しにくい状況にあります。特に、「利用者支援」「地域連携」の 2 つを合わせて、利用者支援事業についてのスーパービジョンを得ることが困難な時も多くあります。その

ような時は、他の領域の専門職等から「利用者支援」「地域連携」それぞれに助言や支援を得る体制をつくります。相談に関しては、こども家庭センターのソーシャルワーカーにスーパービジョンを依頼する、地域資源開発に関しては、その地域の社会福祉協議会のソーシャルワーカーに相談するなどです。そこで生じた関係が、子育て家庭への支援においてともに働く時の基盤となることもあります。

6　広報・周知

利用者支援事業ガイドラインには、次のように記されています。

> 　本事業の実施に当たり、積極的な広報・啓発活動を実施し、実施場所、実施日・時間、事業内容、連絡方法、事業内容等について広くサービス利用者に周知を図るものとする。
>
> （利用者支援事業ガイドライン：4（5））

　利用者支援事業は、各市町村等で「利用者支援事業」と示されることは少なく、各市町村等が子育て家庭にとって親しみやすいと考えて、専門員にそれぞれに異なる名称をつけて行われていることが多くあります。例えば、コンシェルジュ、コーディネーター、アドバイザーなどです。ただ、利用者支援事業の主たる対象である乳幼児期のこどもがいる家庭は、転居するケースも多く、転居先の居住地でコンシェルジュと呼ばれる事業が、元の居住地でアドバイザーと呼ばれていた場合、双方が利用者支援事業であると認識するには時間がかかります。利用者支援事業は、転居してきた子育て家庭が、地域の中で子育てを支える多様な社会資源にアクセスできるようになる最初の入り口です。その入り口が見つからない事態にならないように、各市町村等で利用者支援事業に固有の名称をつけたとしても、その事業が利用者支援事業であることが転居家庭に伝わるよう、ホームページや広報誌には「利用者支援事業」という正式名称も併記しておく必要があります。これにより、子育て家庭が地域の他の資源につながるきっかけになり、利用者支援事業の働きを市町村等が積極的に支持することになります。また市区町村は、乳幼児を対象とする他の事業や他領域の事業の専門職等と専門員が交流する場を積極的に設けることが求められます。それらの事業が連携することによりそれぞれが他の資源と子育て家庭の仲介役を果たすことが可能になります。これも1つの広報・周知活動の一環です。

　周知する重要な情報の1つとして利用者支援事業の連絡先とともに、いつ連絡ができるのかに関連する開設日があげられます。ガイドラインの中では、少なくとも週の半分以上の日数は開設することが望ましいとされています。開設日は、間口が広がる点において

第 4 章 利用者支援事業の運営

も大きな意味合いをもっています。開設日は、各地域の実情や親の就労状況などを考慮して検討します。共働き家庭の増加により、平日には利用者支援事業等を利用できない子育て家庭も多くなっています。恒常的に休日や夜間の開設が難しくても、SNS を利用した相談を夜間に月 1 回受けるだけでも今までアクセスしにくかった層の入り口として機能します。このような取り組み自体が、子育て家庭の事業の利用のしやすさを高めることになるのです。

第3節 運営管理

1 情報を管理する

（1）記録の管理

　利用者支援事業で作成される記録には、業務日誌（記録）や統計類、会計書類など事業運営に必要な記録、利用者を支援するための支援記録、事例検討会記録などがあります。本節では、後者の支援記録と事例検討会記録を中心にその管理について解説します。ただ、いずれにおいても個人情報の保護や守秘義務の観点から記載方法、記録の保管については、後述の留意点に沿って対応する必要があります。

　利用者支援事業で作成する記録については、作成の目的、作成方法（書式、手書き、パソコン等）、作成時の留意点（個人情報の保護等）、保管方法、閲覧者の範囲、保存期間、廃棄方法等について、利用者支援事業の実施主体である市町村等の規定を確認し、規定があればそれに則って対応します。特に規定がない場合は、市町村等と検討してその意向を確認したうえで事業を運営する組織の責任者が、従事者の業務の効率性を考慮しながら定めます。また日常の記録作成において従事者が不便を感じる場合は、運営者と従事者間で利用者の利益と従事者の業務効率性を考慮しながら、改善していく必要があります。

　なお、記録の保管については、市町村等がセキュリティーを担保したシステムを保有している場合は、それを活用します。ただ、多くは各運営者でデータの保存や紙媒体の記録を保管することになります。前者の場合は、インターネットにつながっていないパソコンで記録を作成することも一案ですが、インターネットにつながっているパソコン本体やCloud（インターネット上のデータ保存空間）等にデータを保存せず、外部記憶装置（USBメモリ等）に保存します。なおその場合、職場から外部記憶装置を持ち出さないことを徹底します。後者は、鍵のついた書棚に保管し、多機能型の施設などは他の事業の担当者や利用者の目に触れないようにすることが大切です。

（2）記録作成における個人情報保護と守秘義務

　個人情報の保護については、2003（平成15）年に個人情報の保護に関する法律（以下、個人情報保護法）が制定されました。個人情報とは、個人に付与されている番号やIDを含め個人が特定される情報やその人の信条等を含む特性に関わる情報です。

　個人情報保護法第3条の基本理念は、「個人情報は、個人の人格尊重の理念の下に慎重に取り扱われるべきものであることに鑑み、その適正な取扱いが図られなければならな

利用者支援事業のための実践ガイド　095

第4章 利用者支援事業の運営

い」とされています。個人情報の保護というと、情報を管理することを強く意識しがちですが、この法律の趣旨は「個人の人格尊重」のためにその個人の情報を慎重に取り扱うということです。「個人の人格尊重」は、利用者支援事業の中核的な価値でもあります。つまり、その人の情報はその人の一部であり、その人を大切にするために、その情報も大切に取り扱うことになります。具体的な手続きとして個人情報保護法には、個人情報を取得する際には、その利用目的をできるだけ限定してその人の同意を得ることが定められています。また、このような個人情報の取得・利用や保管・管理以外には、個人情報を本人の同意なく第三者に提供しない、本人の開示要求等に応じることなどが定められています。

守秘義務は、利用者支援事業に限らず対人援助に関わる事業においては、従事者が守らなければならない職業倫理の1つです。守秘義務の範疇は、前述の個人情報よりもより広範です。守秘義務は、個人が特定される情報ではなくても、その本人が秘密にしておいてほしい全ての情報を含みます。ただし、児童虐待に関わる通告義務は、守秘義務に優先することが児童虐待防止法第6条（児童虐待に係る通告）で定められています。ここで留意しなくてはならないのは、虐待であるか否かについて、通告者は判断をする立場にないということです。また、要保護児童対策地域協議会の構成員には、罰則も定められた守秘義務が課せられており、資料や情報の提供、その他必要な協力ができるとされています。

この場合も、組織内外で守秘義務を正しく理解し、親子の人格を尊重するため親子の利益を守るために、適切に守秘義務が遵守されていることが前提となります。つまり、利用者支援事業に携わる運営者、従事者は、個人情報保護法の内容を確認し、この法律でいう個人情報の範囲、その取扱いについて理解を共有しておく必要があります。第一次資料である法律や実施要綱を読まずに、一般に流布されている言説から、それを恐れて利用者の個人情報を他の専門機関に絶対に伝えない運営者や従事者もときどきみられます。先に示したように、その親子にとって有益であると考えられる場合は、親子に誰に何をどこまで伝えるのか明示し、同意を得てから他の機関等に情報を提供することは可能です。つまり、利用者支援事業では、その親子の情報の取扱いはその親子が判断するということです。

2　スタッフの研修とメンタルヘルス

利用者支援事業の専門員は、職員として従事するにあたり、子育て支援員研修の基本研修および専門研修を修了していることが求められています。また、相談およびコーディネート等の業務の内容を踏まえ、一定の実務経験が課せられています。ただし、保育士、社会福祉士、その他の国家資格がある人は、基本研修の免除、および実務経験年数の算定が短くなっています（図表4-5）。2024（令和6）年からは、新たにこども家庭ソーシャルワーカーが従事することが可能となりました。

図表 4-5　利用者支援事業（基本型）の研修受講要件　実務経験年数の算定

		実務経験年数
相談及びコーディネート等の業務内容を必須とする市町村長が認めた事業や業務（例：地域子育て支援拠点事業、保育所における主任保育士業務等）の実務経験の期間を参酌して市町村長が定める実務経験の期間を有すること。	（a）保育士、社会福祉士、その他対人援助に関する有資格者の場合	1 年
	（b）上記以外の者の場合	3 年

　利用者支援事業の運営者や専門員は、前項の個人情報の保護や守秘義務に限らず法律、通達、制度等の変化を捉えながら事業に従事する必要があります。そのためにも、個人情報の管理や守秘義務について理解するための研修等をできるだけ定期的に設けることが望ましいといえます。利用者支援事業の研修は、前述の子育て支援員研修以外は専門的な研修が少なく、ソーシャルワーク、心理学、保育や教育のような他領域の研修などに参加することが多くあります。このような外部研修の受講に加えて、組織内で講師を招いて事例検討会議を実施することもあります。この場合、組織内の専門職によるスーパービジョンや他領域、他組織の専門職を招きコンサルテーションを受けます。1 つの事例についての対応を検討する事例検討会、援助において専門員や組織の課題をテーマとして検討する研修会、いずれも次の援助に向けての力量を向上する機会となります。

　また、利用者支援事業は、1 市町村等に 1 か所しか実施されていないことも多く、専門員が 1 事業に 1 名配置ということも少なくありません。そのため、専門員が事例を一人で抱え込んでしまっていることもあるでしょう。要保護家庭や要支援家庭を主たる対象としていない利用者支援事業であっても、子育ての「苦労」や「心配」の話を続けて聴くことが従事者に負荷をかけることが多くあります。専門員は、なるべく自身のメンタルヘルスに目を向け、良好に保っていくことが求められます。そのためには、同僚と業務内容やそこで感じたことを共有できる環境が必要です。運営者は、利用者支援事業として専門員が 1 名配置であっても、業務の副担当を組織内で任命しておきます。それにより、専門員が日常的に業務内の課題や苦労を共有したり、必要な時に休暇を取れたりすることで負担を軽減できます。組織内でその対応ができない、関係性が難しいなどの場合は、運営者は、専門員が他の市区町村等の専門員と交流できるよう積極的に支持して専門員が心身ともに健康に援助業務に携われる環境を整えます。専門員自身もまずは自分の心身の状態や反応の特徴等を理解すること（自己覚知）、他領域や社会状況等の情報を含め積極的に知識を更新すること、積極的に他の専門員や他機関の専門職等と交流すること、必ず仕事から離れる時間を一定に保つことなどに努めて、心身の安定を図ります。知識の更新や他専門職等との交流は、視野の広がりや多角的に事例を捉えることに限らず、自身の心情を客観的に捉えることを支えます。

第4章 利用者支援事業の運営

3 要望や苦情への対応

　利用者支援事業の実施要綱とガイドラインには、次のように示されています。

> 　市町村は、利用者支援事業を利用した者からの苦情等に関する相談窓口を設置するとともに、その連絡先についても周知すること
>
> （利用者支援事業実施要綱：6（9））

> ・要望や苦情を受け付ける窓口を設け、子育て家庭に周知し、要望や苦情の対応の手順や体制を整備して迅速な対応を図ることとする。
> ・苦情対応については、苦情解決責任者、苦情受付担当者、第三者委員の設置や解決に向けた手順の整理等、迅速かつ適切に解決が図られるしくみをつくることとする。
>
> （利用者支援事業ガイドライン：6（2））

　ただし、利用者支援事業は、社会福祉法人のような大規模な運営主体が担うこともあれば、数人で運営するＮＰＯ法人が担っていることもあります。そのため、実際に利用者支援事業で苦情が生じたとしたら、その子育て家庭は市町村窓口に相談することとなります。市町村は、利用者支援事業に直接声をあげにくいといった場合に対応できるように第三者委員会を設置し、社会性や客観性を保有しながら相談を受け解決にあたります。ただ、市町村等に苦情が寄せられて、その苦情が施設長から専門員に伝わると組織内外の多くの人を巻き込むことになり、解決が逆に難しくなることもあります。専門員に直接要望や意見を伝えてくる子育て家庭の人が多く、専門員も直接伝えられた方が子育て家庭との関係を基盤として対応しやすいことも少なくありません。そのためにまずは、日常の中で子育て家庭が専門員に率直に要望や意見を伝えられる関係をつくることが求められます。

　利用者支援事業は、概ね妊娠期から就学前のこどもを育てる家庭を対象としていることから、援助内容はある程度想定できます。その想定をもとに対処方法を事前に検討し、その手立てを他の専門職とも共有しておくことが大切です。例えば、対象となる子育て家庭には、精神障害がある親も含まれており、その人の人格を尊重しながら援助するためには精神障害の知識も必要です。事前にある程度の知識を有し、初回の相談後に本人の同意を得て精神保健福祉士に同席してもらう、つなぐこともあります。また父親からの相談には、男性の相談員が相応しい場合もあります。内容に応じて適切と思える相談窓口を調べておき、そちらを勧めるなどの対応もできます。

　事前に知識を得ておくこと、事前に備えて置くことは、苦情から専門員を守るためだけではなく、利用者支援事業がどのような状況、特性がある人にとっても、その人の尊厳を

守りながらより適切に機能することを支えるのです。

【引用文献】

● 九州社会福祉研究会＝編, 編集代表 田畑洋一, 門田光司, 鬼﨑信好, 倉田康路, 片岡靖子, 本郷秀和「21世紀の現代社会福祉用語辞典〈第3版〉」学文社 ,2022

● F・P・バイスティック著, 尾崎新, 福田俊子, 原田和幸訳「ケースワークの原則〔新訳改訂版〕援助関係を形成する技法」誠信書房 ,2006

● 八木亜希子「相談援助職の記録の書き方─短時間で適切な内容を表現するテクニック」中央法規出版 ,2012

【参考文献】

●「利用者支援事業の実施について」令和6年3月30日 こ成環第131号・こ支虐第122号・5文科初第2594号こども家庭庁成育局長・こども家庭庁支援局長・文部科学省初等中等教育局長連名通知

●「利用者支援ガイドラインについて」令和6年3月30日 こ成環第132号・こ支虐第141号・5文科初第2595号こども家庭庁成育局長・こども家庭庁支援局長・文部科学省初等中等教育局長連名通知

第5章

利用者支援の先行的実践事例

利用者支援事業の先行的な実践事例について、
インタビューをまとめています。

第5章 利用者支援の先行的実践事例

実践事例 1

アウトリーチを活用した
地域連携で深める利用者支援

拠 点 名：氷見市地域子育てセンター
所 在 地：富山県氷見市
運営団体：氷見市

●地域とともに歩む子育て支援、
　氷見市の挑戦

　富山県氷見市は、人口約4万2千人、1万7千世帯が暮らす、能登半島の東側付け根に位置する市です。共働き世帯や3世代同居が多く、出生数は減少傾向にありますが、地域全体で子育てを支える風土と充実した子育て支援策が特徴で、近年では、子育て家庭の移住先としても注目を集めています。

　氷見市の子育て支援の歴史は、1993（平成5）年度に創設された厚生労働省の「保育所地域子育てモデル事業」まで遡ります。2024（令和6）年現在、8か所の地域子育て支援拠点が設置され、市全体をカバーしています。

　市民の健康づくりを支援する福祉と健康の複合施設「氷見市いきいき元気館」内にある氷見市地域子育てセンターは、市直営施設として、2015（平成27）年度からいち早く利用者支援事業に取り組んできました。

　2024（令和6）年度には「氷見市こども家庭センター」も設置され、0歳から18歳までのこどもとその家族、妊産婦への切れ目のない支援を強化しています。

●地域の力を育むアウトリーチ活動

　氷見市では、氷見市社会福祉協議会の21の地区社協を最小単位と捉え、「日頃のゴミ出しでおしゃべりできるような、近所の人とのつどいの場を、ベビーカーを押していける範囲で作ること」をコンセプトに、子育て支援コーディネーターが積極的なアウトリーチ活動で地域連携に取り組んできました。

　その結果、現在では市内21地区のうち14地区で「地区子育てサークル」が立ち上がり、氷見市の

アウトリーチを支える基盤となっています。1つひとつの地区社協との連携は、時間をかけて地区住民との対話を重ね、徐々に広げていきました。住民の主体形成を促しながら、「地区子育てサークル」を作り、アウトリーチの基盤となる体制を市内に構築するには、時間をかけることが重要です。

　アウトリーチの体制を支えるもう1つの重要な枠組みが、利用者支援事業で誕生した「ひみ子育てネットワーク」です。14の地区子育てサークル、8つの地域子育て支援拠点をはじめ、30を超える子育てに関わる各種機関・団体や行政などが連携するネットワークであり、年4回の会議を通して、アウトリーチを推進し、氷見市の子育て支援全体を有機的につなぐ役割を果たしています。

●地域とともに育む子育て支援

　毎年、年度末には、14全ての地区子育てサークルと連携し、翌年の事業計画はアウトリーチ活動を中心に立案します。地域子育てセンターからは、子育てコーディネーターも含めて、年2回、各地区に出向く計画を立て、その他の機関からのアウトリーチも調整します。

　月1・2回の公民館等での活動を支えてくださるのが、地区子育てサークルの皆さんです。民生委員・児童委員・主任児童委員・ひみ子育て応援団・地元のボランティア・母子保健推進員といった、地域に根差したメンバーで構成されています。

　地域子育てセンターの子育てコーディネーターが訪問する際は、開催場所や参加人数を確認し、公用車で視聴覚教材や工作の材料などを運びます。「保育の出前」も行い、交流の「おしゃべり時間」には、最新の子育て情報の提供や育児相談、必要に応じて関係機関への橋渡しを行います。アウトリーチでは、

訪問地区の情報をボランティアさんから得ることも多く、訪れて初めて得られる情報もあります。確かな連携のために、年間計画の中には、ボランティアさんの研修も組み込んでいます。

● 地域課題への対応と
　さらなる支援の深化

氷見市のアウトリーチは、子育てコーディネーターが地区の皆さんとともに育んできましたが、少子化と人口減少により、「こどもが減った、いなくなった」という地区も出てきています。市の中心部でも、高齢化、空洞化、空き家の増加、子育て家庭の郊外転出が進み、少子化が加速しています。目下、地域子育てセンターが目標に掲げているのは、「ボランティアさんのモチベーションを維持すること」です。

14番目に立ち上がった地区子育てサークルは、元々こどもが少ない地域でしたが、その奥の地区の母親から「地区サークル、いいなぁ」との声が上がりました。そこで、地区を超えた利用が検討され、その後、越境利用が実現しました。こどもたちの賑やかな声は、ボランティアさんたちの意欲の源です。せっかく立ち上げた地区の活動を絶やさないためには、「地区のこどもの支援」から「氷見のこどもの支援」へと、利用者を広げる発想も必要であると子育てコーディネーターは考えています。

コンパクトな氷見市では、アウトリーチを活用したきめ細かな地域連携が、利用者支援においても相乗効果を発揮しています。こども家庭センターでフォロー中の家庭の状況把握や情報共有において、長年活動してくださっている地区のボランティアさんは、頼もしい存在です。

多くの地方自治体で取り組まれている移住促進ですが、氷見市も手厚い子育て支援を掲げて移住促進に力を入れ、成果を上げています。移住してきた子育て家庭からは、子育てに温かい地域の魅力がよく語られます。アウトリーチとともに取り組んできた地域連携の成果が、移住促進にもつながっています。

氷見市の子育て支援は、地域住民との対話を重視し、時間をかけて築き上げてきた地域連携が基盤となっています。少子化や人口減少といった課題に直面しながらも、柔軟な発想とボランティアの皆さんとの協力により、地域全体で子育てを支える温かい社会を実現しています。

氷見市の取り組みは、他の地域にとっても、地域連携による子育て支援の在り方について、多くの示唆を与えてくれるものと言えるでしょう。

図表 5-1　朝日丘どんぐりサロン（年間予定）

利用者支援事業のための実践ガイド　103

第5章 利用者支援の先行的実践事例

実践事例 2

こども家庭センターとの連携で
期待される相乗効果

拠 点 名：花っこルーム高田
所 在 地：大分県豊後高田市
運営団体：NPO法人アンジュ・ママン

●充実した子育て支援で
「住みたい田舎」No.1、豊後高田市

　大分県北部の豊後高田市は、人口約2万1千人、約9,500世帯が暮らす、子育て世代に優しいまちです。

　「地域の活力は人」をスローガンに、最大200万円の子育て応援誕生祝い金の支給、高校生までの医療費や給食費、保育園・幼稚園の費用の無料化など、力強い経済支援で子育て家庭の家計負担を大幅に軽減しています。

　これらの全国トップレベルの子育て支援は、移住促進の目玉にも掲げられており、出版社が実施している「住みたい田舎ベストランキング（人口3万人未満の市）」で連続一位を獲得し続けるなど、移住促進に成果を上げています。

　子育て家庭への経済支援とともに市が力を入れているのが、地元NPO法人と二人三脚で推進してきた地域子育て支援策です。

　市内に「花っこルーム」の名称で、「花っこルーム高田」「花っこルーム真玉」「花っこルーム香々地」と3つの地域子育て支援拠点を設置し、いち早く利用者支援専門員を配置し、支援の充実を図ってきました。

　2024（令和6）年度からは、3拠点全てを「地域子育て相談機関」に位置付け、それぞれに利用者支援専門員の「子育て支援コーディネーター」が配置されています。

●ひとつ屋根の下で実現する
垣根をこえた相互連携

　豊後高田市の地域子育て支援拠点事業の始まりは、平成16（2004）年の「花っこルーム」（のちの、

「花っこルーム高田」）の開設に遡ります。年々、人口が減少し、危機感を感じた行政が、子育て支援の充実に着手し「花っこルーム」が誕生しました。

　「花っこルーム高田」は、2010（平成22）年に現在の「健康交流センター花いろ」に移転し、温泉やトレーニングルーム、市の子育て関係窓口などがある、健康福祉の複合施設で活動しています。

　提供する支援は年々増え、一時預りや病後児保育、産前産後家事支援、ファミリーサポートセンター事業、ホームスタートなど、利用者支援で活用したい事業を網羅した、多機能型地域子育て支援拠点となっています。

　「健康交流センター花いろ」には、市の子育て支援課の窓口もあり、サービス利用に伴う手続きも、市役所に足を運ぶことなく、施設内で完結できます。支援が必要と思われる方が来所された場合は、子育て支援コーディネーターが子育て支援課につないだり、逆に、子育て支援課からコーディネーターにつなぐなど、行政とNPOの垣根をこえた相互連携が実現しています。

●伴走型で始まる、
利用者主体の寄り添う支援

　母子健康手帳交付時から始まる、市の「伴走型相談支援」のうち、妊娠8か月に実施される2回目面談に、子育て支援コーディネーターは協力しています。対応件数はまだ少ないものの、子育て期の支援では、なかなか出会えなかった妊婦さんと出会え、いろいろな気づきや効果、妊娠期からの子育て支援に確かな手応えを感じています。

　妊娠8か月ごろの妊婦さんは、出産を具体的にイメージし始めているため、支援等の必要性を感じるタイミングであり、必要な地域の支援情報を伝え

104

ることで、子育て支援コーディネーターへの信頼が生まれ、ひいては市の子育て支援への期待にもつながります。

また、伴走型相談支援は個別面談なので、妊婦さんが知りたいこと、相談したいことを、自分のペースで聞けます。情報や課題の整理に寄り添いながら、文字通り、子育て支援コーディネーターは伴走者となり、妊婦さん主体のやり取りが展開でき、利用者主体の支援が始まります。

相談日を考慮しながら実施している「プレママ・プレパパ講座」では、同じ時期に出産を迎えるプレママ同士、プレパパ同士がつながり、ピアサポートが形づくられています。「お互いドキドキするけど、がんばりましょう！」「またここ、花っこで、お逢いしましょう！」といったやり取りが自然と交わされ、妊娠期から地域資源につながる価値、まさに"入口の部分の大切さ"を子育て支援コーディネーターとして実感しています。

● こども家庭センターとの連携で
　期待される支援の充実

3つの花っこルームが「地域子育て相談機関」に位置付けられたことから、それぞれに利用者支援専門員が配置されています。現在当法人には、10人の子育て支援コーディネーターがおり、シフト制で3拠点に対応しています。

子育て支援コーディネーターはいずれも、地域子育て支援の豊かな経験を持っていますが、利用者支援専門員として、一人ひとりが力を発揮できるよう、行政はもとより、保育園や幼稚園、学校、児童発達支援施設など、地域の関係機関にも足を運び巡回しながら連携体制を整えています。

相談対応の技術だけでなく、子育て支援コーディネーターの力量を上げるためには、多様な事例に触れることが必要です。利用者支援担当者の月例会議では、10人の子育て支援コーディネーター全員で、各自の支援の振り返りや事例検討を重ねています。

2024（令和6）年度、豊後高田市の子育て支援課に「こども家庭センター」が設置されました。3拠点の子育て支援コーディネーターはこども家庭センターと連携し、妊娠中の不安から、育児の悩み、こどもの発達に関する相談に、親身に寄り添い、必要な情報提供やアドバイスを行うことが求められています。将来的には、こども家庭センターと連携しながら子育て家庭に寄り添い伴走支援を展開し、「子育てするなら豊後高田」のスローガンが市民の言葉となるよう、こども家庭センターと力を合わせながら推進していくことが期待されています。

図表 5-2　豊後高田市 こども家庭センターとの連携

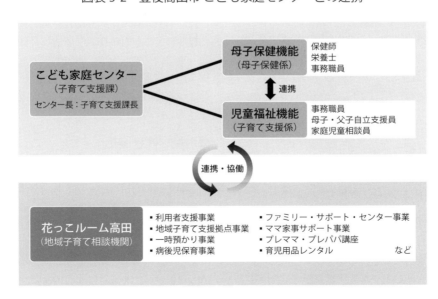

第5章 利用者支援の先行的実践事例

実践事例 3 信頼と実績の積み重ねが実現する 多職種連携による包括的支援

拠 点 名：善通寺市子ども家庭支援センター
所 在 地：香川県善通寺市
運営団体：認定 NPO 法人子育てネットくすくす

●先駆的に取り組んだ善通寺市の 利用者支援事業

香川県善通寺市は、2024（令和6）年、人口約3万人、世帯数約1万3千世帯の四国地方の中心に位置する都市です。豊かな自然環境と歴史的な街並みが調和し、長年にわたって蓄積のある手厚い子育て支援が魅力です。

陸上自衛隊駐屯地があり、自衛隊員とその家族も多く暮らしていることから、人口の多くを公務員が占めているという特徴を持ち合わせています。そのため、県庁所在地ではないものの転勤族も多く、子育て支援においても、多様なニーズに対応することが求められています。

善通寺市では、2004（平成16）年度から利用者支援事業の先駆けとなる子育て支援総合コーディネート事業が開始され、約20年にわたり中断することなく、同じコーディネーターが事業を牽引してきました。この長年の経験と、行政や地域の専門機関との深い信頼関係は、子育て支援の質を高める上で大きな強みとなっています。相談内容は、発達障がいや不登校、虐待、DVなど、深刻な問題を含むケースも少なくありません。2023（令和5）年度は、延べ1,504件の情報提供・相談対応、延べ724件の連絡調整・ケース共有を行い、それぞれの家庭状況に合わせたきめ細やかな支援を提供してきました。

●地域に根差した 子育て支援のソーシャルワーク

保健師さんや助産師さん、家庭児童相談員さんたちと連携を取りながら、親子への継続的な対応、訪問、付き添い支援などを行っています。時には、お母さんたちが安心して子育て支援施設を利用できる

よう、付き添い支援や施設のスタッフとの顔つなぎも行っています。

また、妊娠期から産後のママと赤ちゃんのために、マタニティ教室や4か月健診などで情報提供やサポートもしています。特に気になるケースや支援が必要なご家庭については、保健師さんや助産師さん、家庭児童相談員さんと情報共有し、それぞれの役割を確認し合いながら対応しています。

長年の経験と、行政や関係機関との信頼関係により、保育所や幼稚園、医療機関への付き添い、保健師や助産師との同行訪問、DVケースでの警察への同行など、ソーシャルワークの専門性を活かした支援を展開しています。

マタニティ教室や4か月健診などでは、妊娠中から産後のママたちに、子育て支援コーディネーターの存在や利用者支援事業について知ってもらう機会を設け、妊娠期からの切れ目のない支援を大切にしています。

障がいや発達の不安を抱える親子や、医療ケアが必要なお子さんへの相談やサービス利用援助にも力を入れています。特に、未就学の障がい児を持つ家庭に対しては、保健師や相談支援専門員と連携し、地域からの孤立を防ぎ、必要な情報提供や支援につなげています。

●地域の連携強化： 包括的なサポート体制の構築

コロナ禍の3年間は、対面の活動が制限され、行政や専門機関も身動きが取りにくくなりました。そんな中、コーディネーター二人で、スマホを片手に、LINEで通常の電話受付時間を超えて相談対応を続けました。相談者の不安や悩みに寄り添い、必要な情報を提供し、時には励ましの言葉をかける。そん

な地道な活動を続けたことで、利用者支援専門員としての信頼はさらに高まり、頼っていただけるようになりました。コロナ禍が明けた2023（令和5）年度でも、年間で延べ95件もの時間外対応を行い、オンライン相談対応も延べ285件に上りました。

善通寺市にある「四国こどもとおとなの医療センターの育児支援会」のメンバーとして、ケース会議であがった家庭や小児科医より依頼を受けた中讃地域の家庭を見守り、サポートしています。また、利用ニーズがあれば子育てひろば等にもつないでいます。近隣の保健師さんとつながり、ひろばを利用されている市外在住の子育て家庭で気になるケースについても、地域の保健師との情報共有と相談しあえる関係です。

さらに、四国こどもとおとなの医療センターの医師や医療ソーシャルワーカーにも相談しながら、支援が必要な家庭への関わりや病院でのアプローチに協力してもらったり、要支援家庭へも対応。医療センターのMSW（医療ソーシャルワーカー）・PSW（精神保健福祉士）ともケースを共有しており、厚い信頼関係の下に、多職種連携が実現しています。

● 子育てのゴールまで
　寄り添い伴走し続ける支援

20年という長い間、善通寺市の子ども家庭支援センターの一員として、利用者支援事業に携わってきました。その中で、行政や地域の専門機関との信頼関係を築き、多くの親子と関わってきました。長年の経験と実績により、市内外から要支援の困難ケースや複雑なケースが持ち込まれることも少なくありません。

今後の課題としては、助産師や保健師が気にかけているケースや特定妊婦への対応強化、増加傾向にあるひとり親家庭等の生活困窮相談や精神疾患などの困難ケースへの対応、孤立しやすい家庭への支援、思春期相談や不登校・行き渋り等の課題への対応などいっそうの包括連携を進めていくことです。

また、児童虐待防止のためのLINE相談や見守り機能の強化など、デジタル化にも積極姿勢で、「今、相談したい！」「子育てのSOS」と感じた時に子育て支援コーディネーターは、子育てに悩むすべての親御さんが、安心してすぐに頼れる存在でありたいと願っています。

また、多くの親子と接する中で、幼少期に出会った子が成長し、思春期や青年期の悩みを打ち明けてくれることもあり、子育てが長い道のりだからこそ、切れ目のない支援を心がけ、こどもたちの健やかな成長を地域全体で見守っていきたいと考えています。

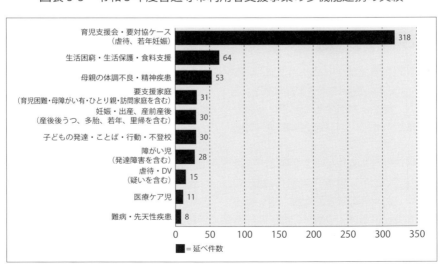

図表5-3　令和5年度善通寺市利用者支援事業の多機能連携の実績

出典：令和5年度善通寺市利用者支援事業報告書より作成

第5章 利用者支援の先行的実践事例

利用者支援事業の質を高める ミーティングや記録

拠　点　名：江東区東陽子ども家庭支援センター
所　在　地：東京都江東区
運営団体：社会福祉法人雲柱社

●子育て世帯が集中する 東京・江東区を支える支援

　人口約54万人、約30万世帯が暮らす東京都江東区は、東京都23区の中でも子育て世帯の増加が著しいエリアです。安心して子育てできる環境づくりの一環として、区では「みずべ」の愛称で親しまれている「子ども家庭支援センター」を8か所設置し、保育園や児童館、地域の子育て支援団体などと連携して切れ目のない支援を提供しています。
　なかでも、「東陽子ども家庭支援センターみずべ（以下、東陽みずべ）」は、全国でも地域子育て支援の草分け的な存在として知られ、乳幼児親子を対象とした支援に長年取り組んできました。遊び場や交流の場を提供するひろば機能、理由を問わない一時保育、家族問題やこどもの発達に関する相談など、充実した支援体制が特徴です。
　また、東陽みずべでは、ひろば利用をきっかけとした利用者支援事業が展開されています。

●記録は支援の質を高める羅針盤

　東陽みずべの利用者支援業務において、記録は「羅針盤」のような存在です。相談内容や支援経過を「支援台帳」に記録し、更新、共有することで、支援の振り返りや評価につながり、より適切な支援へ向けての拠り所となります。
　記録は、職員間の情報共有やケース会議での検討材料として活用することで、組織的な支援体制を支えています。また、利用者の状況や支援内容を時系列で記録することで、ひろばでの親子の様子、一時預かりでのこどもの様子、外部からの情報など、多角的な視野で集積された情報は、家庭の状況の見立てや家族を取り巻く地域の状況など包括的な支援を考える上で、欠かせない材料です。
　東陽みずべでは、事務所内に、日常的に出番のある、支援や見守りが継続している台帳が、4つのキャビネットに保管されています。そのうち2つは頻繁に開け閉めされ、参照、更新、活用をしています。
　支援台帳（図表5-4）の構成は、昨年、久しぶりに見直し、バージョンアップしました。1枚目は、親子と家庭の基本的な情報の構成で、初回の相談時に主に作成します。その後、利用があるたびに追記されていきます。記録には、相談に限らず東陽みずべの利用があれば追記し、他の機関からもたらされた情報があれば、それも書き加えられます。
　全ての職員がアンテナを張れるよう、受付の際の入館システムで、支援台帳のある利用者がわかるようになっています。非常勤職員も気づいたこと、得た情報を、記録に載せるためには、メモや日報に書かれた内容を切り貼りするようなアナログなこともしています。

●振り返り、見立てる 常に思考過程を歩む会議

　全ての相談について対応の優先度を決定し、毎週の「進行管理会議」で状況を確認・共有しています。優先度は、「積極的に対応が必要なケース」「申し出があった際に対応するケース」「比較的安定している見守りケース」の3つに分けられ、支援台帳もABCランクで分類しています。このランクは、進行管理会議で見直します。
　常時20件から30件のケースを扱い、アジェンダや会議の準備は主に利用者支援担当が行います。現状共有で終わるものもあれば、振り返りや見立てに時間を要するものもあり、1時間で終えることを目標としているものの、1時間を超えることもしば

しばです。会議は思考過程を歩み続けるもので、適切な支援体制の根幹そのものであるため、丁寧に行います。

また、必要に応じてケース会議も開催します。頻度や検討内容などを柔軟に調整しながら、担当職員だけでなく、施設長、主任、さらには必要に応じて臨床心理士など、多職種連携を重視して専門家も加わり、多角的な視点からケースを検討する場も設けています。

●記録は財産　デジタルで価値を引き出す未来へ

利用者支援専門員の業務は多岐にわたりますが、中でも「記録」は、支援の質を高め、継続的なサポートを提供するための礎です。相談内容や経過、利用者の状況などを記録することで、支援の振り返りや評価、長期的な支援計画の立案、支援の引継ぎなどがスムーズに行えます。

また、記録は利用者自身が自身の成長や変化を振り返るための資料としても役立ち、自立を促す支援にもつながります。

記録は、未来への架け橋としての役割も期待されます。過去の記録を分析することで、支援の課題や改善点を見出し、より効果的な支援方法を開発することに貢献できるでしょう。記録の蓄積は、適切に管理・活用することで、多様な可能性を示唆する財産であり、宝の山とも言えます。

デジタル化や情報共有システムの導入など、記録管理の効率化に向けた取り組みを進めつつ、個人情報の適切な管理にも配慮しながら、記録の価値を最大限に引き出していくことが、今後の取り組みと言えるでしょう。

東陽みずべでは、利用者主体の姿勢を大切にし、多様な専門性を持つ職員が連携することで、常に質の向上を意識しています。

図表 5-4　東陽子ども家庭支援センター支援台帳

〈東陽子ども家庭支援センター　支援台帳〉

受付年月日　西暦／和暦　年　月　日	電話・面接・ひろば・訪問・メール	担当者
初回相談経路　□母・父　□子ども自身　□親族　□知人近隣　□関係機関（　　）		

ふりがな 児童名　男・女	西暦 和暦　年　月　日生	みずべカードNO. 200
ふりがな 児童名　男・女	西暦 和暦　年　月　日生	みずべカードNO. 200
ふりがな 児童名　男・女	西暦 和暦　年　月　日生	みずべカードNO. 200

ふりがな 保護者氏名　男・女	西暦 和暦　年　月　日生	本児との関係
ふりがな 保護者氏名　男・女	西暦 和暦　年　月　日生	本児との関係
住所	☎　—　—　（備考　） ☎　—　—　（備考　）	

関係機関	連絡先	担当者
保健相談所：　深川・深川南部・他（　　）		
ホットライン		
区養育支援係		
みずべ（子センター）		

	ジェノグラム・エコマップ
C継続的に気にかける	祖父母世代
B来所時に気にかける	親世代　□　○
A安定終了	子世代

第 5 章 利用者支援の先行的実践事例

実践事例 5

妊娠期・0〜18歳、
多機関連携で切れ目のない伴走支援

拠　点　名：子育て世代包括支援センター「いっしょissyo」へびた
所　在　地：宮城県石巻市
運 営 団 体：NPO法人ベビースマイル石巻

●震災からの復興と更なる支援に向けて

　東日本大震災は、石巻市の子育て環境に甚大な被害をもたらしました。なかでも地域子育て支援は、当事者たちの主体的な活動によって支えられ、復興の歩みとともに再構築され、現在に至っています。

　震災前と比較して、石巻市の人口は2万人近く減少し、出生数も減少の一途をたどっています。一方、復興整備により人口が急増した蛇田地区では、住民主体のNPOと行政が連携協働しながら、地域子育て支援の再構築が図られてきました。

　「子育て世代包括支援センターいっしょissyoへびた」は、震災直後の避難所でのひろば活動を起点に誕生したNPO法人ベビースマイル石巻が運営を担い、地域子育て支援拠点事業、利用者支援事業、子育て世代包括支援センターと役割を広げてきました。「石巻市こども家庭センター」との連携においても活躍が期待されています。

●妊娠期・0〜18歳、
　切れ目のない支援を実践

　2016（平成28）年に始まった「いっしょissyoへびた」の利用者支援事業は、当初から妊娠期・0〜18歳までのこどもを持つ家庭が対象です。「切れ目のない支援」を実現するという思いで、国の要綱に準じて市と協議し、18歳までを支援対象としました。多くの利用者支援事業が地域子育て支援拠点で展開されているため、乳幼児期を対象としているケースが主流なので、珍しい存在かもしれません。

　妊娠期から乳幼児期の子育て相談や情報提供、ピアサポートの促進、専門機関との連携で多岐にわたるニーズに対応しながら、学齢期のこどもたちへの支援にも力を入れてきました。運営するNPO法人ベビースマイル石巻では、児童館「石巻市子どもセンターらいつ」も受託しており、こちらは必要に応じて学校とも連携しています。

　複合的な相談の場合は、相談で収集した情報を独自のアセスメントシートにまとめて、こども家庭センターに共有・相談または依頼をしています。こども家庭センターの保健師などが、行政内の関係課で構成されたケース会議等で支援方針を決定します。現在は、利用者支援専門員（以下、専門員）が招集されることはあまりありませんが、利用者に寄り添い伴走支援できる存在として、支援継続を担保する、つながり続ける役割を担っています。

　小中学生の相談では、学校と連携しながらの状況把握と支援が求められますが、学校との連携は、利用者支援事業より児童館からの方がスムーズです。相談内容に応じて、こどもの居場所、不登校支援、発達支援、親子関係、困窮・ひとり親・親の特性に応じて、多様な関係機関とつながりながら、継続的な相談や見守りに務めています。

●産前産後、若者、寄り添い続ける支援

　利用者支援事業を周知するための産科へのアウトリーチがきっかけで、妊娠8か月の妊婦から相談を受けた事例があります。誰にも頼らずシングルでの出産を固く決意していた方でしたが、心身ともに不安定な状態でした。行政の支援を拒まれていたため、日頃から協働している心のケアセンターの保健師と連携を取りつつ対応しました。

　助産師たちと開発した「産前産後マイプラン」を使って、支援や制度を説明し、産前産後計画を作成しました。ひとりで頑張ろうとする気持ちも尊重しつつ、支援を活用することの必要性や頼ることも時には大切であることが伝わるよう心がけ、安心して

出産準備を進められるよう伴走しました。後日、「無事出産したことを伝えてほしい」と、産院を通じて出産の連絡がありました。

高校入学後、娘が母親との関係悪化を理由に不登校気味になり、祖父母宅で暮らすようになった相談事例もありました。母親は娘との関係改善を望んでいましたが、祖父母の過干渉も相まって、状況は複雑化していました。専門員は、まず母親の不安な気持ちを丁寧に受け止め、寄り添うことから始めました。高校との直接的な連携が難しかったため、石巻市総合相談センターの少年センター専門員を介して、高校との連携を図りました。学校側も状況を深刻に捉えており、スクールソーシャルワーカー(SSW)、養護教諭、専門員が参加するケース会議が実現し、それぞれの視点から情報を共有し、問題の全体像を把握しました。これにより高校と母親がつながり、具体的な支援が動き出しました。母親からは、日記のようなメールが定期的に届き、見守りを続けました。

● こども家庭センターへの期待を込めて

2024（令和6）年4月、石巻市役所内に「こども家庭センター」が開設されました。妊娠・出産・子育てに関する相談を一括して受け付け、相談者の情報を関係機関が共有することで、家庭への切れ目のない支援を目指す新たな体制ですが、いっそうの切れ目のない支援の強化を目指すために、連携機関の共通認識を強化するとともに、体制や役割分担を捉え直す機会になればと期待しています。

利用者支援をより効率的に行えるようにすることが重要で、妊娠期からの支援では、母子健康手帳交付時から支援を開始し、保健師や産科との連携を強化するとともに、伴走型相談支援も積極的に活用することが、よりきめ細やかな支援の実現に有効だと思います。また、産前産後サービスの利用申請手続きを簡素化し、もっと利用しやすくすることも、必要だと感じています。

こどもの相談場所としても今後活用され伴走の仕組みづくりが促進されるほか、サービス内容や利用方法をわかりやすく統一することも利用者や関係者の利便性を高めるには有効です。人材育成と体制強化で、質の高いサービスを目指し、支援体制をさらに充実させ、子育てしやすい石巻を目指しています。

図表 5-5　産前産後マイプラン

助産師たちと独自開発した産前産後計画づくりのためのシートです

出典：特定非営利活動法人ベビースマイル石巻ホームページ
https://www.forbabysmile.com/issyo/10586

第 5 章 利用者支援の先行的実践事例

実践事例6 多くの関係機関を擁する横浜市の連携

拠　点　名：戸塚区地域子育て支援拠点とっとの芽
所　在　地：神奈川県横浜市戸塚区
運営団体：NPO 法人子育てネットワークゆめ

● 28 万人が暮らす戸塚区の子育て支援

横浜市戸塚区は、人口約 28 万人を抱える、市内 18 区の中で 4 番目に人口が多い区です（令和 6 年 1 月時点）。ファミリー層も多く暮らしており、地域ぐるみで子育てを支援する体制づくりが求められています。区では「子育て世代包括支援センター」を設置し、妊娠期から子育て期まで切れ目ないサポートに取り組んでいます。

横浜市では各区に 1 ～ 2 か所、地域子育て支援拠点（以下、拠点）が設置され、横浜子育てパートナー（以下、子育てパートナー）という名称で各拠点に 1 名の利用者支援専門員（基本型）が配置されています。こども人口の多い戸塚区には「とっとの芽」と「とっとの芽サテライト[1]」が設置されており、二人の子育てパートナーが利用者支援専門員として活躍しています。

●多岐にわたる連携で子育てを支える

子育て家庭はもちろん、地域住民全体にとって身近な存在となるよう、子育てパートナーは、様々な関係機関や地域の子育て支援活動に積極的に参加し、多岐にわたる連携先との関係づくりに努めています。

区役所とは協働契約に基づき事業を行っている強みから、毎月の両親教室（4 回連続プログラムの 4 回目）や 4 か月児健診など区が開催している事業に出張し、子育てパートナーの周知や、子育てに関する相談対応、情報提供を行っています。

また、区が主催する分娩医療機関連絡会への参加を通じ、分娩医療機関を通じて妊娠期の方に情報提供ができるようになり、現在、その連携は協働でのイベント実施へと発展しています。

さらに、横浜市子育て支援者[2]や主任児童委員、こんにちは赤ちゃん訪問員の会議等に出席し顔の見える関係づくりを行うことで、それぞれの支援会場に参加ができ、地域住民に身近な場所でことができています。

これらの活動に加え、関係機関との連携も積極的に行っています。つどいの広場連絡会[3]、ポンテの会（区内の当事者が立ち上げた障害者 7 団体の会議）、横浜市要保護児童対策地域協議会、里親養育懇談会、障害者支援フォーラムなどに参加し、幅広い情報収集を行っています。また、児童発達支援、放課後デイサービス、保育園、幼稚園などの施設見学を行い、情報収集や周知を行うことで、地域の子育て支援体制の充実を図っています。

なお、アウトリーチや連携事業による出張が多いため、ひろば利用者が子育てパートナーに相談しやすいように「子育てパートナーの日」を設けて体制を整えています。

●地域に寄り添う子育て支援拠点

戸塚区では、区内 10 エリアで地区別子育て連絡会を開催しています。区役所、地域ケアプラザ[4]、地域子育て支援拠点の 3 者が事務局となり、地区別子育て連絡会を開催しています。地域で子育て支援を行う地域の支援者（主任児童委員、民生委員・

---

1 人口の多い区に整備した 2 館目の拠点
2 子育て支援者は横浜市独自の子育て支援事業。地域の先輩ママが地域の身近な場所でひろばを設け、相談や情報提供を行っています
3 つどいの広場連絡会は、横浜市が子育て支援拠点事業の一般型として実施する「親と子のつどいの広場」の戸塚区のひろばが集まる会です
4 横浜市では地域包括支援センターに地域福祉・地域保健の機能を上乗せした形で地域ケアプラザを運営しています
5 横浜市では主任児童委員等の地域の方にこんにちは赤ちゃん訪問員を委嘱しています

112

児童委員）や幼稚園、保育園、社会福祉協議会職員などが参加しています。

地区別子育て連絡会は、地域の状況に合わせて年2～3回開催され、互いの子育て支援の情報交換や連携を深める場となっています。また、戸塚区子育て連絡会全体会が年2回開催され、各地区の取組の共有や意見交換などを行っています。子育てパートナーは、これらの連絡会に毎回出席し、利用者支援事業の機能や拠点利用者の状況を伝え、拠点に来所していない親子にも情報が届くよう地域との関係強化に努めています。

●連携による効果で高まる対応力

子育てパートナーの地域連携活動により、地域の子育て支援ネットワークの構築、子育てに関する情報提供の充実、相談しやすい環境づくりが進められています。例えば、毎月とっとの芽で開催している「赤ちゃんを迎えるためのお世話体験会」（以下、お世話体験会）は初産婦家族を対象としたイベントで、助産師を講師に招き、沐浴や妊婦体験、先輩家族との交流を行っています。この事業を地区別子育て連絡会でつながった関係機関と一緒に地域で開催することで、参加者が産前から地域の支援者とつながることができ、子育て世帯の孤立防止、子育て不安の軽減、地域の子育て力の向上につながります。

毎月開催している区役所との連絡会では、事業の共有や相談事例のカンファレンス（平均4～5件）を行っており、区とのスムーズな連携には欠かせません。

当事者団体の活動との連携で力が発揮できた一例ですが、地域のこんにちは赤ちゃん訪問員[5]（主任児童委員等）から直接電話で弱視のお子さんを育てている家庭へのフォロー依頼の連絡があり、支援が始まったケースがあります。地域の子育て支援の情報とともに、「障害者スポーツ文化センター横浜ラポール」の情報を提供することができ利用に繋がりました。さらに母親が復職した際には横浜子育てサポートシステム（ファミリー・サポート・センター事業）を紹介し、利用に繋げることができました。

また、分娩医療機関連絡会での出会いをきっかけに関係性を築いてきた中核医療機関や医療機関等との連携から、「お医者さんに聞いちゃおう」という講座を開催しました。小児科医、産婦人科医、看護師などを招き、座談会形式で子育てに関する疑問や不安を解消する場となり好評でした。これを機に、メディカル・ソーシャルワーカーともつながり、地域医療との連携強化も深まっています。

横浜市戸塚区にはたくさんの専門機関や地域の活動があるだけに、連携に費やす業務量も格段に多くなっていますが、多様な地域の関係機関と子育てパートナーが密接に連携することで、様々なニーズへの対応力が高まり、支援の幅も広がっています。

図表 5-6　横浜子育てパートナー

横浜子育てパートナー：
横浜市の各区の地域子育て支援拠点とサテライトに1名配置されている利用者支援専門員

出典：戸塚区地域子育て支援拠点とっとの芽ホームページ
https://www.tottonome.com/pages/51/

第6章

資料

利用者支援事業実施要綱

利用者支援事業ガイドライン

〈制度体制〉
最新の利用者支援事業の関連通知につきましては、下記サイトより閲覧できます。

https://kosodatehiroba.com/reference

第6章 資料

【利用者支援事業実施要綱】

利用者支援事業の実施について

こ成環第 131 号
こ支虐第 122 号
5 文科初第 2594 号
令和 6 年 3 月 30 日

各 都道府県知事 殿

こ ど も 家 庭 庁 成 育 局 長
（ 公 印 省 略 ）

こ ど も 家 庭 庁 支 援 局 長
（ 公 印 省 略 ）

文 部 科 学 省 初 等 中 等 教 育 局 長
（ 公 印 省 略 ）

標記については、今般、別紙のとおり「利用者支援事業実施要綱」を定め、令和 6 年 4 月 1 日から適用することとしたので通知する。

ついては、管内市町村（特別区及び一部事務組合を含む。）に対して周知をお願いするとともに、本事業の適正かつ円滑な実施に期されたい。

なお、本通知の適用に伴い、「利用者支援事業の実施について」（平成 27 年 5 月 21 日付け府子本第 83 号、27 文科初第 270 号、雇児発 0521 第 1 号内閣府子ども・子育て本部統括官、文部科学省初等中等教育局長、厚生労働省雇用均等・児童家庭局長通知）は廃止する。

別紙

利用者支援事業実施要綱

1　事業の目的

一人一人のこどもが健やかに成長することができる地域社会の実現に寄与するため、こども及びその保護者等、または妊娠している方がその選択に基づき、教育・保育・保健その他の子育て支援を円滑に利用できるよう、必要な支援を行うことを目的とする。

2　実施主体

実施主体は、市町村（特別区及び一部事務組合を含む。以下同じ。）とする。 なお、市町村が認めた者へ委託等を行うことができる。

3　事業の内容

子ども・子育て支援法第 5 9 条第 1 号に基づき、こども又はその保護者の身近な場所で、教育・保育・保健その他の子育て支援の情報提供及び必要に応じ相談・助言等を行うとともに、関係機関との連絡調整等を実施する事業（以

下「利用者支援事業」という。）。

4　実施方法

以下の（1）から（3）までの類型の一部又は全部を実施するものとする。

（1）基本型

① 目的

こども及びその保護者等が、教育・保育施設や地域の子育て支援事業等を円滑に利用できるよう、身近な場所において、当事者目線の寄り添い型の支援を実施する。

② 実施場所

主として身近な場所で、日常的に利用でき、かつ相談機能を有する施設での実施とする。

③ 職員の配置等

ア 職員の要件等

以下の（ア）及び（イ）を満たした者又は（ウ）に該当する者でなければならない。

（ア）「子育て支援員研修事業の実施について」（令和 6 年 3 月 30 日付けこ成環第 111 号、こ支家第 189 号こども家庭庁成育局長、こども

116

家庭庁支援局長通知）の別紙「子育て支援員研修事業実施要綱」（以下「子育て支援員研修事業実施要綱」という。）別表1に定める「子育て支援員基本研修」に規定する内容の研修（以下、「基本研修」という。）及び別表2－2の1に定める子育て支援員専門研修（地域子育て支援コース）の「利用者支援事業（基本型）」に規定する内容の研修（以下「基本型専門研修」という。）を修了していること。

なお、以下の左欄に該当する場合については、右欄の研修の受講を要しない。ただし、中段及び下段に該当する場合には、事業に従事し始めた後に適宜受講することとする。

子育て支援員研修事業実施要綱5の（3）のアの（エ）に該当する場合	基本研修
本実施要綱が適用される際に、既に利用者支援事業に従事している場合	基本研修 基本型専門研修
事業を実施する必要があるが、子育て支援員研修事業実施要綱に定める研修をすぐに実施できないなどその他やむを得ない場合	基本研修 基本型専門研修

（イ）　以下に掲げる相談及びコーディネート等の業務内容を必須とする市町村長が認めた事業や業務（例：地域子育て支援拠点事業、保育所における主任保育士業務 等）について、以下の区分ごとの期間を参酌して市町村長が定める実務経験の期間を有すること。

（a）　保育士、社会福祉士、その他対人援助に関する有資格者の場合 1年

（b）　（a）以外の者の場合 3年

（ウ）児童福祉法施行規則第5条の2の8に規定するこども家庭ソーシャルワーカー

イ　職員の配置

アを満たす専任職員を、1事業所1名以上配置するものとする。ただし、保育所や地域子育て支援拠点などの既存施設・事業において配置されている職員のみで、「こども家庭センター連携等加算」の要件を満たす場合においてはこの限りではない。

ウ　その他

アの（ウ）に該当する者については、子育て支援員研修事業実施要綱に定める基本研修及び基本型専門研修の受講を要しないが、職員として配置するにあたっては、本事業の意義や内容、管内地域の特性等について十分な理解が得られるよう、実施主体（委託先を含む。以下同じ。）において必要な対応を行うこと。

イを満たした上で、地域の実情により、適宜、業務を補助する職員を配置しても差し支えないものとする。

④　業務内容

基本Ⅰ型及び基本Ⅱ型は、以下のア～サの業務を実施するものとし、基本Ⅲ型は、「地域子育て相談機関の設置運営等について」（令和6年3月30日付けこ成環第100号こども家庭庁成育局長通知、以下「地域子育て相談機関設置運営要綱」という。）6．業務内容に記載する業務を実施するものとする。

ア　利用者の個別ニーズを把握し、それに基づいて情報の集約・提供、相談、利用支援等を行うことにより、教育・保育施設や地域の子育て支援事業等を円滑に利用できるよう実施することとする。

イ　教育・保育施設や地域の子育て支援事業等を提供している関係機関との連絡・調整、連携、協働の体制づくりを行うとともに、地域の子育て資源の育成、地域課題の発見・共有、地域で必要な社会資源の開発等に努めること。

ウ　利用者支援事業の実施に当たり、教育・保育施設や地域の子育て支援事業等に関する情報について、リーフレットその他の広告媒体を活用し、積極的な広報・啓発活動を実施し、広くサービス対象者に周知を図るものとする。

エ　その他利用者支援事業を円滑にするための必要な諸業務を行うものとする。

オ　夜間・休日の時間外相談

「「待機児童解消に向けて緊急的に対応する施策について」の対応方針について」（平成28年4月7日雇児発0407第2号雇用均等・児童家庭局長通知）に基づき、待機児童解消に向けて緊急的に対応する取組（以下「緊急対策」という。）を実施する市町村において、以下に掲げる取組を実施する場合に別途加算の対象とする。

（ア）　夜間加算

原則として1日6時間を超えて開所し、かつ、週3日以上、18時以降の時間帯に2時間以上開所し、相談・助言等を行う。

（イ）　休日加算

原則として週4日以上開所し、かつ、土曜日または日曜日・国民の祝日等に開所し、相談・助言等を行う。

カ　出張相談支援

両親（母親・父親）学級、乳幼児健康診査や地域で開催されている交流の場等に出向き、子育てに関する全般的な相談や子育てサービスに関する

利用者支援事業のための実践ガイド　117

情報提供等の取組を以下の通り実施する場合に別途加算の対象とする。

（ア）　③のイの専任職員に加えて③のアを満たす職員を配置すること。

（イ）　実施に当たり、継続的かつ計画的な取組を行い、利用者ニーズに対応した支援を実施すること。

（ウ）　取組の実施に当たり、開催日や場所等について積極的に広報活動を行い、広くサービス対象者に周知を図ること。

キ　機能強化のための取組

オ（ア）、オ（イ）又はカの取組のいずれかを実施し、かつ、以下の要件のいずれも満たした場合に別途加算の対象とする。

（ア）　実施に当たり、1か所につき開所日1日当たり平均5件以上の相談等実績があること。なお、相談対応等を行った場合は相談記録簿等を作成し、適切に保管し、その後の支援に活用するために整理すること。

（イ）　緊急対策に参加している市町村であること。

（ウ）　③のアを満たす専任職員を2名以上配置すること。ただし、

カを実施している場合については、カで配置する職員とは別に専任職員を2名以上配置すること。

（エ）　オ（ア）、オ（イ）又はカの取組のいずれかの実施に当たり、事業計画書を作成し、周知・広報を行うとともに、具体的な実施状況をあわせて公表すること。

（オ）　各事業実施に必要となる人員配置の予定及び実績を明確に記録すること。

ク　多言語対応

外国人子育て家庭や妊産婦が、教育・保育施設や地域の子育て支援事業等を円滑に利用できるよう、通訳の配置や多言語音声翻訳システム等を導入することで、多言語対応への取組を実施した場合に別途加算の対象とする。

ケ　配慮が必要な子育て家庭等への支援

障害児、多胎児のいる家庭など、配慮が必要な子育て家庭等の状況に対応して、よりきめ細かい相談支援等ができるよう、次の（ア）、（イ）に掲げる実施方法により実施することができるものとし、この場合について別途加算の対象とする。

（ア）　開設日数は、週2日程度以上とすること。

（イ）　専門的な知識・経験を有する職員を配置す

ること。

コ　多機能型地域子育て支援の強化

子育て家庭が身近な地域で安全にかつ安心して子育てができるよう、利用者支援事業を核とした多機能型地域子育て支援の新たな展開を図るため、次の（ア）から（ウ）に掲げる実施方法により実施した場合について別途加算の対象とする。

（ア）　③のアと同程度の知識・経験を有する職員が、近隣の子育て支援又は母子保健等に関する事業を実施する各事業所等を巡回し、情報の収集及び共有を行うこと。

（イ）　連絡会議の開催等を行うこと。

（ウ）　（ア）又は（イ）の取組を、実施日数は、週3日程度以上とすること。

サ　こども家庭センター連携等加算

地域の住民にとって、身近な相談機関の整備を推進するため、児童福祉法第10条の3第1項及び地域子育て相談機関設置運営要綱に基づく地域子育て相談機関として、相談及び助言を行うほか、同法第10条の2に基づくこども家庭センターとの連絡調整など必要な取組を実施する場合（令和5年度以前に一体的相談支援機関連携等加算の対象となっており、地域子育て相談機関となることが見込まれる場合を含む。）、別途加算の対象とする。

（2）　特定型

①　目的

待機児童の解消等を図るため、行政が地域連携の機能を果たすことを前提に主として保育に関する施設や事業を円滑に利用できるよう支援を実施する。

②　実施要件

以下のいずれかの要件を満たす市町村が実施する施設であること。

ただし、1市町村当たりのか所数は、平成25年から令和5年の各年10月1日時点の0～5歳児人口を10,000で除して得られた数（小数点以下切上げ）のうち、最も多いものを上限とする。

ア　次の（ア）又は（イ）のいずれかの要件を満たし、かつ、「新子育て安心プラン実施計画」の採択を受けていること。

（ア）　平成27年から令和5年の各年4月1日時点のいずれかの待機児童数が1人以上であること。

（イ）　今後潜在的なニーズも含め保育ニーズの増大が見込まれること。

イ　緊急対策を実施していること。

③　実施場所

　主として市町村窓口での実施とする。

④　職員の配置等

　ア　職員の要件等

　　利用者支援事業に従事するにあたっては、子育て支援員研修実施要綱別表1に定める基本研修及び別表2－2の2に定める子育て支援員専門研修（地域子育て支援コース）の「利用者支援事業（特定型）」に規定する内容の研修を修了していることが望ましい。

　イ　職員の配置等

　　アを満たす専任職員を、1事業所1名以上配置するものとする。

　ウ　その他

　　イを満たした上で、地域の実情により、適宜、業務を補助する職員を配置しても差し支えないものとする。

⑤　業務内容

　（1）④に準じることとする。ただし、（1）④のア、オ、カ、キ、ク及びケについては、主として地域における保育所等の保育の利用に向けた相談支援について実施し、（1）④のイについて必ずしも実施を要しない。なお、（1）④のカ（ア）については、「（2）④のイの専任職員に加えて、④のアを満たす職員を配置すること」と読み替えるものとする。

（3）　こども家庭センター型

　①　目的

　　母子保健と児童福祉が連携・協働して、すべての妊産婦及びこどもとその家庭等を対象として、妊娠期から子育て期にわたるまでの母子保健や育児に関する様々な悩み等に円滑に対応するため、保健師等が専門的な見地から相談支援等を実施するとともに、こども等に関する相談全般から通所・在宅支援を中心としたより専門的な対応や必要な調査、訪問等による継続的なソーシャルワーク業務を行うことにより、妊娠期から子育て期にわたるまでの切れ目ない支援や虐待への予防的な対応から個々の家庭に応じた切れ目ない対応など市町村としての相談支援体制を構築する。併せて、特定妊婦、産後うつ、障害がある方への対応や地域資源の開拓など、多様なニーズに対応できるような体制整備を行う。

　②　実施場所

　　母子保健機能（母子保健法第22条第1号～第4号に掲げる事業又はこれらの事業に併せて第5号に掲げる事業を行う機能であって、従来の「子育て世代包括支援センター」が担ってきた機能をいう。以

下同じ。）と児童福祉機能（児童福祉法第10条第1号～第3号及び第5号に規定する機能であって、従来の「子ども家庭総合支援拠点」が担ってきた機能をいう。以下同じ。）の両面からの支援が一体的に提供されるようにするため、母子保健及び児童福祉に関する専門的な支援機能を有する施設・場所での実施とする。

　　ただし、必ずしも1つの施設・場所において2つの支援機能を有している必要はなく、それぞれの機能ごとに複数の施設・場所で、役割の分担や協働をしつつ必要な情報を共有しながら一体的に支援を行うことができることとする。なお、その場合は、それぞれの施設・場所をこども家庭センターと位置づけることができることとする。

　　また、1つの施設・場所で実施する場合でも、複数の施設・場所で実施する場合でも、業務を分担する場合には、個人情報の保護に十分留意の上、情報の集約・共有、記録の作成について適切に行い、できる限り情報を一元化する等、関係者で情報を共有しつつ、切れ目のない支援に当たること。

　③　要件

　　「こども家庭センター」は児童福祉法及び母子保健法において、児童及び妊産婦の福祉や母性及び乳幼児の健康の保持及び増進に関する包括的な支援を行うものと規定されており、また、その創設の背景・目的や役割・業務等を踏まえ、「こども家庭センター」として位置づけられるための必要な要件は以下のア～オとする。

　ア　母子保健機能及び児童福祉機能双方の機能の一体的な運営を行うこと。

　イ　母子保健機能及び児童福祉機能における双方の業務について、組織全体のマネジメントを行う責任者である、センター長をこども家庭センター1か所あたり1名配置すること（小規模自治体等、自治体の実情に応じてセンター長は統括支援員を兼務することができる）。

　ウ　母子保健機能及び児童福祉機能における双方の業務について十分な知識を有し、俯瞰して判断することのできる統括支援員をこども家庭センター1か所あたり1名配置すること。

　エ　児童福祉法第10条の2第2項及び母子保健法第22条に規定する業務を行うこと。

　オ　当該施設の名称は「こども家庭センター」（又はこれに類する自治体独自の統一的名称）を称すること。

　④　職員の配置

ア　センター長

　　母子保健機能及び児童福祉機能における双方の業務について、組織全体のマネジメントを行う責任者であるセンター長をこども家庭センター1か所あたり1名配置するものとする。

イ　統括支援員

　　母子保健機能及び児童福祉機能における双方の業務について十分な知識を有し、俯瞰して判断することができる統括支援員をこども家庭センター1か所あたり1名配置するものとする。なお、統括支援員は、以下の（ア）～（ウ）のいずれかに該当する者であり、かつ「統括支援員の研修について」（令和6年3月30日付けこ成母第141号、こ支虐第146号こども家庭庁成育局母子保健課長、こども家庭庁支援局虐待防止対策課長通知）の2に基づく研修を受講した者（又は一定期間内に研修を受講する予定である者）であること。

　　（ア）　別添1に定める保健師、社会福祉士、こども家庭ソーシャルワーカー等の母子保健、児童福祉に係る資格を有し、一定の母子保健又は児童福祉分野の実務経験を有する者

　　（イ）　母子保健機能、児童福祉機能における業務の双方（又はいずれか）において相談支援業務の経験があり、双方の役割に理解のある者

　　（ウ）　その他、市町村において上記と同等と認めた者

ウ　母子保健機能の運営に係る職員

　　母子保健に関する専門知識を有する保健師、助産師、看護師又はソーシャルワーカー（社会福祉士等）（以下「保健師等」という。）を1名以上配置するものとする。なお、保健師等は専任が望ましい。

　　また、④のイの（キ）の内容を実施するに当たっては、社会福祉士、精神保健福祉士又はその他の専門職を1名以上配置するものとする。なお、当該職員は専任が望ましい。さらに、配置に当たっては、令和7年度末までに、職員の必置を目指すこと。

エ　児童福祉機能の運営に係る職員

　　（ア）　主な職員

　　　　こども家庭センターには、原則として、①子ども家庭支援員、②心理担当支援員、③虐待対応専門員の職務を行う職員を置くものとし、必要に応じて、④安全確認対応職員、⑤事務処理対応職員を置くことができる。

　　（イ）　主な職務、資格等

　　　　職員のそれぞれの主な職務、資格等については、以下のとおりとする。

　　（ⅰ）　子ども家庭支援員

　　　①　主な職務

　　　　・実情の把握

　　　　・相談対応

　　　　・総合調整

　　　　・調査、支援及び指導等

　　　　・他関係機関等との連携

　　　②　資格等

　　　　社会福祉士、精神保健福祉士、公認心理師、医師、保健師、保育士等（別添2参照）

　　　　なお、当分の間、内閣総理大臣が定める基準に適合する研修を受けた者も認めることとする。

　　（ⅱ）　心理担当支援員

　　　①　主な職務

　　　　・心理アセスメント

　　　　・こどもや保護者等の心理的側面からのケア

　　　②　資格等

　　　　公認心理師、大学や大学院において、心理学を専修する学科又はこれに相当する課程を修めて卒業した者等

　　（ⅲ）　虐待対応専門員

　　　①　主な職務

　　　　・虐待相談

　　　　・虐待が認められる家庭等への支援

　　　　・児童相談所、保健所、市区町村保健センターなど関係機関との連携及び調整

　　　②　資格等

　　　　こども家庭ソーシャルワーカー、社会福祉士、精神保健福祉士、公認心理師、医師、保健師等（別添3参照）

　　　　なお、当分の間、内閣総理大臣が定める基準に適合する研修を受けた者も認めることとする。

　　（ウ）　配置人員等

　　　　児童福祉機能における施設類型は別添4のとおりとし、別表の1に定める主な職員のそれぞれの最低配置人員等を配置すること。ただし、別表の1で定める配置人員等において、「常時○名」とあるのは、開所時間帯のうち週休日・夜間を除く週40時間を標準とする

時間帯において配置する必要がある職員数と解することができる。

なお、小規模A型（人口5万人未満の市町村に限る。）の類型である市町村においては、母子保健機能と児童福祉機能を兼務する常勤職員がいる場合に限り、勤務形態を問わず、常時1名体制でも可とする。

また、小規模B型以上の類型かつ児童千人当たりの児童虐待相談対応件数が全国平均を上回る市町村（こども家庭センター）は、児童相談所の児童福祉司の配置基準の算定を準用した算式（別表の2参照）で算定された人数を、虐待対応専門員の類型ごとの最低配置人員に上乗せして配置する必要があることに留意すること。この場合において、上乗せ配置の有無に関わらず、基礎となる配置人員が基準を満たしている場合には、基本分は補助対象とすることができる。最低配置人員を超えて虐待対応専門員を配置した場合は、人数分の補助基準額を加算（上限5人まで）することができる。

なお、福祉事務所に設置している家庭児童相談室の職員（家庭児童福祉の業務に従事する社会福祉主事及び家庭児童福祉に関する相談指導業務に従事する職員（家庭相談員））と兼務することも可能である。

オ　サポートプランの作成に係る支援員の追加配置
　サポートプランを作成するための支援員を配置することができる（ただし、児童福祉法第十条第一項第四号に規定する計画に限る。）。

なお、作成するサポートプラン40件あたり1名を補助対象とする（ただし、人口10万人未満は1名、人口10万人以上かつ30万人未満は2名、人口30万人以上は3名を上限とする）。

配置する支援員については、子ども家庭支援員や虐待対応専門員等その業務を遂行するにふさわしいと考える者を充てること。

外部委託する場合には、その業務を遂行するにふさわしいと考える者又は団体を選定すること。

カ　地域資源開拓コーディネーターの配置
　地域資源の開拓を行うコーディネーターを配置することができる。この場合において、こども家庭センター1か所当たり1名を補助対象とする。外部委託する場合には、その業務を遂行するにふさわしいと考える者又は団体を選定すること。

⑤　業務内容

こども家庭センターは、「こども家庭センターガイドライン」

（令和6年3月30日付けこ成母第142号、こ支虐第147号こども家庭庁成育局長、こども家庭庁支援局長通知）に基づき業務を行うものとし、母子保健機能及び児童福祉機能の一体的な運営を通じて、妊産婦及び乳幼児の健康の保持及び増進に関する包括的な支援及び全てのこどもとその家庭（妊産婦を含む）に対する虐待への予防的な対応から個々の家庭の状況に応じた包括的な支援を切れ目なく実施する。

ア　母子保健機能と児童福祉機能の一体的支援

（ア）　サポートプランの母子保健機能と児童福祉機能の一体的な作成イに規定する母子保健機能の業務として作成するサポートプランと、ウに規定する児童福祉機能の業務として作成するサポートプランの双方の作成対象となる妊産婦及びこどもとその家庭等については、統括支援員を中心として両機能が連携し、サポートプランの作成（定期的なサポートプランの見直しを含む。）を行うものとする。

（イ）　統括支援員の業務
　統括支援員は、母子保健と児童福祉の一体的支援のため、母子保健機能及び児童福祉機能間の調整を行うこととし、以下の業務を実施するものとする。

（ⅰ）　合同ケース会議に諮るケースの選定に関すること

（ⅱ）　合同ケース会議の進行等に関すること

（ⅲ）　母子保健機能、児童福祉機能が連携して行うサポートプランの作成や支援方針についての指導や助言

（ⅳ）　母子保健機能、児童福祉機能単独で作成するサポートプランについての必要な指導や助言

（ⅴ）　地域の社会資源全体の把握及び必要な地域資源開拓のための指導や助言

イ　母子保健機能の業務
　以下の業務を実施するものとする。

（ア）　妊娠期から子育て期にわたるまでの母子保健や育児に関する相談に対応する。また、保健師等は、妊娠の届出等の機会を通して得た情報を基に、対象地域における全ての妊産婦等の状況を継続的に把握し、妊産婦等の支援台帳を作成することとする。支援台帳については、氏名、分娩予定日、状況等の項目を定め、必要と

利用者支援事業のための実践ガイド　121

第 6 章 資料

なる情報をすみやかに活用できる体制を整えること。

また、全ての妊産婦等の状況を把握するため、教育・保育・保健施設や地域子育て支援拠点等に出向き、積極的に情報の収集に努めることとする。

（イ）（ア）により把握した情報に基づき、保健師等は、支援を必要とする者が利用できる母子保健サービス等を選定し、情報提供を行うこととする。なお、必要に応じて母子保健サービス等を実施する関係機関の担当者に直接繋ぐなど、積極的な関与を行うこととする。

（ウ）心身の不調や育児不安があることなどから手厚い支援を要する者に対する支援の方法や、対応方針について検討等を実施する協議会又はケース会議等を設け、関係機関と協力してサポートプランを策定することとする。

また、サポートプランの効果を評価・確認しながら、必要に応じて見直しを行い、妊産婦等を包括的・継続的に支えていくように努めること。

（エ）支援を必要とする妊産婦等を早期に把握し、妊産婦等に対して各関係機関が提供する母子保健サービス等の支援が包括的に提供されるよう、保健師等が中心となって関係機関との協議の場を設けるとともに、ネットワークづくりを行い、その活用を図ることとする。

また、妊娠期から子育て期にわたるまでの支援は、本事業に基づく支援のみならず、別添 5 に掲げる様々な母子保健施策による支援や子育て支援も必要であるため、上記の協議の場又は関係機関とのネットワークを通じ、地域において不足している妊産婦等への支援を整備するための体制づくりを行う。

（オ）多言語対応

外国人子育て家庭や妊産婦が、母子保健サービス等を円滑に利用できるよう、通訳の配置や多言語音声翻訳システム等を導入することで、多言語対応への取組を実施した場合に別途加算の対象とする。

（カ）配慮が必要な子育て家庭等への支援

障害児、多胎児のいる家庭など、配慮が必要な子育て家庭等の状況に対応して、よりきめ細かい相談支援等ができるよう、次の（ i ）、（ii）に掲げる実施方法により実施することができるものとし、この場合について別途加算の対象と

する。

（ i ）開設日数は、週 2 日程度以上とすること。

（ii）専門的な知識・経験を有する職員を配置すること。

（キ）困難事例への対応等の支援

（ i ）妊産婦等からの問い合わせに即時対応可能とするため、SNS 等を活用した相談支援や、多職種によるアウトリーチ支援の実施。

（ii）関係機関との連携の強化を実施。

（iii）嘱託医師との連携によるケース対応等の実施。

ウ　児童福祉機能の業務

以下の（ア）及び（イ）の業務を実施するものとし、加えて（ウ）から（カ）の取組みを実施する場合には、別途加算の対象とする。

（ア）子ども家庭支援全般に係る業務

（ i ）市区町村に在住するすべてのこどもとその家庭及び妊産婦等に関し、母子保健事業に基づく状況、親子関係、夫婦関係、きょうだい関係、家庭の環境及び経済状況、保護者の心身の状態、こどもの特性などの養育環境全般について、家庭全体の問題として捉え、（イ）の業務との連携を図りつつ、関係機関等から必要な情報を収集するとともに、インフォーマルなリソースも含めた地域全体の社会資源の情報等の実情の把握を継続的に行う。

（ii）こどもとその家庭及び妊産婦等がニーズに応じた支援が受けられるように、（イ）の業務とも連携しつつ、当該地域の実情や社会資源等に関する情報の提供を行うとともに、関係機関にも連携に資するその福祉に関する資源や支援等に関する情報の提供を行う。

（iii）こどもとその家庭及び妊産婦等や関係機関等から、一般子育てに関する相談から養育困難な状況や子ども虐待等に関する相談まで、また妊娠期（胎児期）からこどもの自立に至るまでのこども家庭等に関する相談全般に応じる。

（iv）個々のニーズ、家庭の状況等に応じて最善の方法で課題解決が図られるよう、支援を行うことと併せ、関係機関等と緊密に連携し、地域における子育て支援の様々な社会資源を活用して、適切な支援に有機的につないでいくため、支援内容やサービスの調整を行い、包括的な支援に結び付けていく適切な支援を行う。

特に、要支援児童及び要保護児童等並びに特定妊婦等に関しては、こども家庭センターが中核となって必要な支援を行うとともに、関係機関でサービスを分担する際には、責任を明確にして、円滑なサービス提供を行うこと。

（ⅴ）　こどもや保護者の多様なニーズに応じた支援を早期から提供することで、こどもが家庭において心身ともに健やかに養育され、かつ、虐待の未然防止が図られるよう、地域資源やニーズの把握、地域資源の状況の見える化、児童福祉に関する支援の担い手の養成やニーズに応じた新たなサービスの開発（担い手を養成し、組織化し、担い手を支援活動につなげる機能）、関係者のネットワーク化などを行う。

（ⅵ）　こども家庭センターは、（ⅰ）～（ⅴ）及び（イ）に掲げる業務を行うに当たって、「地域子育て相談機関」と必要に応じて定期的な情報共有を行うなど、密接に連携を図るものとする。

（ⅶ）　こども及び妊産婦の福祉に関し、心身の状況等に照らし包括的な支援を必要とすると認められる要支援児童等その他の者に対して、これらの者に対する支援の種類及び内容等の事項を記載した計画（サポートプラン）を作成すること。

（イ）　要支援児童及び要保護児童等並びに特定妊婦等への支援業務

要支援児童及び要保護児童等並びに特定妊婦等への支援においては、相談・通告を受け、事前の情報収集を基に（緊急）受理会議を行い、受理会議で検討された、当該ケースについての事実関係を整理するための調査やこどもとその家庭の意向を踏まえ、当該調査等の結果を踏まえたアセスメント（情報を分析し見解をまとめたもの）を基に、ケース検討会議（支援方針会議）による支援方針の決定、サポートプラン及び支援計画（以下、サポートプラン等）の作成を行い、支援を実行し、その後のケースの進行管理及び支援終結の判断を行うこと。

（ウ）　夜間・土日開所加算

児童福祉機能は、都道府県の設置する福祉事務所、児童相談所等と緊密に連携し、夜間、休日等の執務時間外であっても相談・通告を受けて適切な対応が採れるよう所要の体制を整備する

ことが必要である。

このため、週40時間を標準とする開所時間帯を超えて平日の夜間や平日以外の日に運営を行う児童福祉機能については、別に定めるところにより、開所時間に応じて運営に係る経費を加算する。

（エ）　弁護士・医師等配置加算

児童福祉機能における相談対応等の業務の実施において、法的な知見や医学的な知見を要する内容について、弁護士や医師等の専門的な知見を有する者（以下「弁護士・医師等」という。）から助言を得るため、弁護士・医師等の配置等を行い、体制の整備を図る場合は、別に定めるところにより、加算する。なお、助言を得る方法として、弁護士・医師等を職員として配置する方法のほか、弁護士・医師等又は弁護士・医師等を雇用する法人との間で、助言を得るための契約の締結等を行う方法も考えられる。

（オ）地域活動等推進加算

（ⅰ）　研修・広報啓発に関する取組

児童虐待の未然防止や早期発見には、行政機関による取組だけではなく、地域住民からの通告等も重要となることから、民生委員・児童委員（主任児童委員を含む）を含め、地域住民に対して、児童虐待を受けたと思われるこどもを発見した際の対応等（通告や見守り等）について、研修の実施やセミナーの開催等による普及啓発活動の実施に取り組む場合は、別に定めるところにより、加算する。

（ⅱ）　見守り活動等の推進に関する取組

要保護児童対策地域協議会に登録されているこどもに関し、市町村において定期的な状況確認が必要と判断しているケースについて、民間団体に対して、当該こどもの見守りを行うことや、保護者が不在となる際に当該こどもの居場所を確保し、食事の提供など、生活を支援することを依頼し、支援を行った民間団体からの報告を求めるなど、民間団体を活用した見守り等を実施している児童福祉機能については、別に定めるところにより、加算する。なお、支援の内容については、地域やケースの状況により様々であるものと考えられることから、各市町村の定めによるものとする。

（ⅲ）　通訳業務に関する取組

日本語以外の言語を話す外国人家庭に対す

利用者支援事業のための実践ガイド　123

る相談支援をより円滑に行うため、通訳に関する業務（人員の配置のほか、民間団体やＩＣＴ機器の活用を含む。）を実施する場合は、別に定めるところにより、加算する。

（カ）制度施行円滑導入経費

市町村において、こども家庭センターの設置にあたり、円滑な施行に資する以下に掲げる取組を行う場合には、別に定めるところにより、加算する。なお、交付はこども家庭センターの設置を行う市町村につき１度に限るものとする。

（ⅰ）地域資源の創出や地域住民等を対象とした周知・広報の実施（ⅱ）ニーズ把握等の調査の実施

（ⅲ）家庭支援事業の担い手の確保に向けた研修等の実施

（ⅳ）その他、こども家庭センターの円滑な施行に資する取組の実施

5　関係機関等との連携

実施主体は、教育・保育・保健その他の子育て支援を提供している機関のほか、児童相談所、保健所といった地域における保健・医療・福祉の行政機関、民生委員・児童委員（主任児童委員含む）、教育委員会、医療機関、学校、警察、特定非営利活動法人等の関係機関・団体等に対しても利用者支援事業の周知等を積極的に図るとともに、連携を密にし、利用者支援事業が円滑かつ効果的に行われるよう努めなければならない。

6　留意事項

（1）利用者支援事業に従事する者は、こどもの「最善の利益」を実現させる観点から、こども及びその保護者等、または妊娠している方への対応に十分配慮するとともに、正当な理由なく、その業務上知り得た利用者又はその家族の秘密を漏らしてはならない。

さらに、このことにより、同じく守秘義務が課せられた地域子育て支援拠点や市町村の職員などと情報交換や共有し、連携を図ること。

（2）利用者支援事業に従事する者は、利用者支援事業の実施場所の施設や市町村窓口などの担当者等と相互に協力し合うとともに、利用者支援事業の円滑な実施のために一体的な運営体制を構築すること。

（3）4に定める各類型は、それぞれ特徴が異なり、いずれの機能も重要であることから、地域の実情に応じて、それぞれの充実に努めること。また、各類型の所管課が異なる場合には、日頃から各所管課同士の連携などに努

めること。

（4）対象者や既存の社会資源が少ない地域等において、複数の自治体が共同して利用者支援事業を実施する際には、都道府県は、広域調整等の機能を担い、全ての子育て家庭に必要な支援が行き届くよう努めること。

（5）利用者支援事業に従事する者は、有する資格や知識・経験に応じて、本事業を実施するに当たり共通して必要となる知識や技術を身につけ、かつ常に資質、技能等を維持向上させるため、子育て支援員研修実施要綱別表3及び別表4に定めるフォローアップ研修及び現任研修その他必要な各種研修会、セミナー等の受講に努めること。

また、実施主体は、利用者支援事業に従事する者のための各種研修会、セミナー等に積極的に参加させるよう努めること。

（6）利用者支援事業の実施に当たり、児童虐待の疑いがあるケースが把握された場合には、福祉事務所若しくは児童相談所又は児童委員、その他の関係機関と連携し、早期対応が図られるよう努めなければならない。

（7）障害児等を養育する家庭からの相談等についても、市町村の所管部局、指定障害児相談支援事業所等と連携し、適切な対応が図られるよう努めるものとする。

（8）教育・保育施設や地域の子育て支援事業等の選択については、利用者の判断によるものとする。

（9）市町村は、利用者支援事業を利用した者からの苦情等に関する相談窓口を設置するとともに、その連絡先についても周知すること。

7　費用

利用者支援事業の実施に要する経費について、国は別に定めるところにより補助するものとする。

【別添1】

統括支援員の資格について
保健師、社会福祉士、こども家庭ソーシャルワーカーの他
【母子保健機能の母子保健担当職員の資格】
（1）保健師
（2）助産師
（3）看護師
（4）ソーシャルワーカー（社会福祉士等）

【困難事例対応職員の資格】
（1）社会福祉士
（2）精神保健福祉士
（3）その他の専門職

【子ども家庭支援員の資格等】
（1）児童虐待を受けた児童の保護その他児童の福祉に関する専門的な対応を要する事項について、児童及びその保護者に対する知識及び必要な指導等を通じて的確な支援を実施できる十分な知識及び技術を有する者として内閣府令で定めるもの
（2）都道府県知事の指定する児童福祉司若しくは児童福祉施設の職員を養成する学校その他の施設を卒業し、又は都道府県知事の指定する講習会の課程を修了した者
（3）学校教育法（昭和22年法律第26号）に基づく大学又は旧大学令（大正7年勅令第388号）に基づく大学において、心理学、教育学若しくは社会学を専修する学科又はこれらに相当する課程を修めて卒業した者であって、厚生労働省令で定める施設において1年以上児童その他の者の福祉に関する相談に応じ、助言、指導その他の援助を行う業務（以下「相談援助業務」という。）に従事したもの
（4）医師
（5）社会福祉士
（6）精神保健福祉士
（7）公認心理師
（8）社会福祉主事として2年以上児童福祉事業に従事した者であって、厚生労働大臣が定める講習会の課程を修了したもの
（9）学校教育法による大学において、心理学、教育学若しくは社会学を専修する学科又はこれらに相当する課程において優秀な成績で単位を修得したことにより、同法第102条第2項の規定により大学院への入学を認められた者であって、指定施設において1年以上相談援助業務に従事したもの
（10）学校教育法による大学院において、心理学、教育学若しくは社会学を専攻する研究科又はこれらに相当する課程を修めて卒業した者であって、指定施設において1年以上相談援助業務に従事したもの
（11）外国の大学において、心理学、教育学若しくは社会学を専修する学科又はこれらに相当する課程を修めて卒業した者であって、指定施設において1年以上相談援助業務に従事したもの
（12）社会福祉士となる資格を有する者（（5）に規定する者を除く。）
（13）精神保健福祉士となる資格を有する者（（6）に規定する者を除く。）
（14）保健師
（15）助産師
（16）看護師
（17）保育士
（18）教育職員免許法（昭和24年法律第147号）に規定す

る普通免許状を有する者
（19）社会福祉主事たる資格を得た後の次に掲げる期間の合計が2年以上である者であって、厚生労働大臣が定める講習会の課程を修了したもの
　①　社会福祉主事として児童福祉事業に従事した期間
　②　児童相談所の所員として勤務した期間
（20）社会福祉主事たる資格を得た後3年以上児童福祉事業に従事した者
　（（19）に規定する者を除く。）
（21）児童福祉施設の設備及び運営に関する基準（昭和23年厚生省令第63号）第21条第6項に規定する児童指導員

【虐待対応専門員の資格等】
（1）児童虐待を受けた児童の保護その他児童の福祉に関する専門的な対応を要する事項について、児童及びその保護者に対する知識及び必要な指導等を通じて的確な支援を実施できる十分な知識及び技術を有する者として内閣府令で定めるもの
（2）都道府県知事の指定する児童福祉司若しくは児童福祉施設の職員を養成
する学校その他の施設を卒業し、又は都道府県知事の指定する講習会の課程を修了した者
（3）学校教育法に基づく大学又は旧大学令に基づく大学において、心理学、教育学若しくは社会学を専修する学科又はこれらに相当する課程を修めて卒業した者であって、厚生労働省令で定める施設において1年以上相談援助業務に従事したもの
（4）医師
（5）社会福祉士
（6）精神保健福祉士
（7）公認心理師
（8）社会福祉主事として2年以上児童福祉事業に従事した者であって、厚生労働大臣が定める講習会の課程を修了したもの
（9）学校教育法による大学において、心理学、教育学若しくは社会学を専修する学科又はこれらに相当する課程において優秀な成績で単位を修得したことにより、同法第102条第2項の規定により大学院への入学を認められた者であって、指定施設において1年以上相談援助業務に従事したもの
（10）学校教育法による大学院において、心理学、教育学若しくは社会学を専攻する研究科又はこれらに相当する課程を修めて卒業した者であって、指定施設において1年以上相談援助業務に従事したもの
（11）外国の大学において、心理学、教育学若しくは社会学を専修する学科又はこれらに相当する課程を修めて卒業し

利用者支援事業のための実践ガイド　125

第 6 章 資料

た者であって、指定施設において 1 年以上相談援助業務に従事したもの

(12) 社会福祉士となる資格を有する者（（5）に規定する者を除く。）

(13) 精神保健福祉士となる資格を有する者（（6）に規定する者を除く。）

(14) 保健師

(15) 助産師

(16) 看護師

(17) 保育士であって、指定施設において 2 年以上相談援助業務に従事したものであり、かつ、指定講習会の課程を修了したもの

(18) 教育職員免許法に規定する普通免許状を有する者

(19) 社会福祉主事たる資格を得た後の次に掲げる期間の合計が 2 年以上である者であって、厚生労働大臣が定める講習会の課程を修了したもの

① 社会福祉主事として児童福祉事業に従事した期間

② 児童相談所の所員として勤務した期間

(20) 社会福祉主事たる資格を得た後 3 年以上児童福祉事業に従事した者

（（19）に規定する者を除く。）

(21) 児童福祉施設の設備及び運営に関する基準第 21 条第 6 項に規定する児童指導員

【心理担当支援員の資格等】

（1）公認心理師

（2）大学や大学院において、心理学を専修する学科又はこれに相当する課程を修めて卒業した者等

【別添 2】

子ども家庭支援員の資格等

（1）児童虐待を受けた児童の保護その他児童の福祉に関する専門的な対応を要する事項について、児童及びその保護者に対する知識及び必要な指導等を通じて的確な支援を実施できる十分な知識及び技術を有する者として内閣府令で定めるもの

（2）都道府県知事の指定する児童福祉司若しくは児童福祉施設の職員を養成する学校その他の施設を卒業し、又は都道府県知事の指定する講習会の課程を修了した者

（3）学校教育法（昭和 22 年法律第 26 号）に基づく大学又は旧大学令（大正 7 年勅令第 388 号）に基づく大学において、心理学、教育学若しくは社会学を専修する学科又はこれらに相当する課程を修めて卒業した者であって、厚生労働省令で定める施設において 1 年以上児童その他の者の福祉に関する相談に応じ、助言、指導その他の援助を行

う業務（以下「相談援助業務」という。）に従事したもの

（4）医師

（5）社会福祉士

（6）精神保健福祉士

（7）公認心理師

（8）社会福祉主事として 2 年以上児童福祉事業に従事した者であって、厚生労働大臣が定める講習会の課程を修了したもの

（9）学校教育法による大学において、心理学、教育学若しくは社会学を専修する学科又はこれらに相当する課程において優秀な成績で単位を修得したことにより、同法第 102 条第 2 項の規定により大学院への入学を認められた者であって、指定施設において 1 年以上相談援助業務に従事したもの

（10）学校教育法による大学院において、心理学、教育学若しくは社会学を専攻する研究科又はこれらに相当する課程を修めて卒業した者であって、指定施設において 1 年以上相談援助業務に従事したもの

（11）外国の大学において、心理学、教育学若しくは社会学を専修する学科又はこれらに相当する課程を修めて卒業した者であって、指定施設において 1 年以上相談援助業務に従事したもの

（12）社会福祉士となる資格を有する者（（5）に規定する者を除く。）

（13）精神保健福祉士となる資格を有する者（（6）に規定する者を除く。）

（14）保健師

（15）助産師

（16）看護師

（17）保育士

（18）教育職員免許法（昭和 24 年法律第 147 号）に規定する普通免許状を有する者

（19）社会福祉主事たる資格を得た後の次に掲げる期間の合計が 2 年以上である者であって、厚生労働大臣が定める講習会の課程を修了したもの

① 社会福祉主事として児童福祉事業に従事した期間

② 児童相談所の所員として勤務した期間

（20）社会福祉主事たる資格を得た後 3 年以上児童福祉事業に従事した者（（19）に規定する者を除く。）

（21）児童福祉施設の設備及び運営に関する基準（昭和 23 年厚生省令第 63 号）第 21 条第 6 項に規定する児童指導員

【別添 3】

虐待対応専門員の資格等

（1）児童虐待を受けた児童の保護その他児童の福祉に関する専門的な対応を要する事項について、児童及びその保護者に対する知識及び必要な指導等を通じて的確な支援を実施できる十分な知識及び技術を有する者として内閣府令で定めるもの
（2）都道府県知事の指定する児童福祉司若しくは児童福祉施設の職員を養成する学校その他の施設を卒業し、又は都道府県知事の指定する講習会の課程を修了した者
（3）学校教育法に基づく大学又は旧大学令に基づく大学において、心理学、教育学若しくは社会学を専修する学科又はこれらに相当する課程を修めて卒業した者であって、厚生労働省令で定める施設において1年以上相談援助業務に従事したもの
（4）医師
（5）社会福祉士
（6）精神保健福祉士
（7）公認心理師
（8）社会福祉主事として2年以上児童福祉事業に従事した者であって、厚生労働大臣が定める講習会の課程を修了したもの
（9）学校教育法による大学において、心理学、教育学若しくは社会学を専修する学科又はこれらに相当する課程において優秀な成績で単位を修得したことにより、同法第102条第2項の規定により大学院への入学を認められた者であって、指定施設において1年以上相談援助業務に従事したもの
（10）学校教育法による大学院において、心理学、教育学若しくは社会学を専攻する研究科又はこれらに相当する課程を修めて卒業した者であって、指定施設において1年以上相談援助業務に従事したもの
（11）外国の大学において、心理学、教育学若しくは社会学を専修する学科又はこれらに相当する課程を修めて卒業した者であって、指定施設において1年以上相談援助業務に従事したもの
（12）社会福祉士となる資格を有する者（（5）に規定する者を除く。）
（13）精神保健福祉士となる資格を有する者（（6）に規定する者を除く。）
（14）保健師
（15）助産師
（16）看護師
（17）保育士であって、指定施設において2年以上相談援助業務に従事したものであり、かつ、指定講習会の課程を修了したもの
（18）教育職員免許法に規定する普通免許状を有する者
（19）社会福祉主事たる資格を得た後の次に掲げる期間の合

計が2年以上である者であって、厚生労働大臣が定める講習会の課程を修了したもの
① 社会福祉主事として児童福祉事業に従事した期間
② 児童相談所の所員として勤務した期間
（20）社会福祉主事たる資格を得た後3年以上児童福祉事業に従事した者（（19）に規定する者を除く。）
（21）児童福祉施設の設備及び運営に関する基準第21条第6項に規定する児童指導員

【別添4】

児童福祉機能における施設類型については、児童人口規模に応じて以下のとおりとする。
① 小規模型【小規模市・町村部】
ア 小規模A型：児童人口概ね0.9万人未満（人口約5.6万人未満）
イ 小規模B型：児童人口概ね0.9万人以上1.8万人未満（人口約5.6万人以上約11.3万人未満）
ウ 小規模C型：児童人口概ね1.8万人以上2.7万人未満（人口約11.3万人以上約17万人未満）
② 中規模型【中規模市部】：児童人口概ね2.7万人以上7.2万人未満（人口約17万人以上約45万人未満）
③ 大規模型【大規模市部】：児童人口概ね7.2万人以上（人口約45万人以上）
の5類型に区分する。
　また、地域の実情に応じて、小規模型の小規模市・町村部においては、2次医療圏を単位とした広域での設置、中規模型及び大規模型の市部においては、区域等に応じて複数のこども家庭センターの設置などの方法も考えられる。特に、指定都市においては、行政区ごとに設置することが求められる。

【別添5】

・性と健康の相談センター事業
・出産・子育て応援交付金事業
・妊婦健康診査
・産婦健康診査
・両親学級、母親学級
・新生児訪問指導、妊産婦訪問指導
・妊婦訪問支援事業
・乳幼児健康診査
・乳児家庭全戸訪問事業
・養育支援訪問事業
・養子縁組あっせん　等

利用者支援事業のための実践ガイド　127

第 6 章 資料

【別表】

1．主な職員の最低配置人員

	子ども家庭支援員	心理担当支援員	虐待対応専門員	合計
小規模 A 型 児童人口概ね 0.9 万人未満（人口約 5.6 万人未満）	常時 2 名 （1 名は非常勤形態でも可）	－	－	常時計 2 名以上
小規模 B 型 児童人口概ね 0.9 万人以上 1.8 万人未満（人口約 5.6 万人以上約 11.3 万人未満）	常時 2 名 （1 名は非常勤形態でも可）	－	常時 1 名 （非常勤形態でも可）	常時計 3 名以上
小規模 C 型 児童人口 1.8 万人以上 2.7 万人未満（人口 11.3 万人以上約 17 万人未満）	常時 2 名 （1 名は非常勤形態でも可）	－	常時 2 名 （非常勤形態でも可）	常時計 4 名以上
中規模型 児童人口概ね 2.7 万人以上 7.2 万人未満（人口約 17 万人以上約 45 万人未満）	常時 3 名 （1 名は非常勤形態でも可）	常時 1 名 （非常勤形態でも可）	常時 2 名 （非常勤形態でも可）	常時計 6 名以上
大規模型 児童人口概ね 7.2 万人以上（人口約 45 万人以上）	常時 5 名 （1 名は非常勤形態でも可）	常時 2 名 （非常勤形態でも可）	常時 4 名 （非常勤形態でも可）	常時計 11 名以上

（※）この他、必要に応じて、安全確認対応職員、事務処理対応職員等の職員を配置することが望ましい。

2．虐待対応専門員の上乗せ配置の算定式

○　各市区町村の児童虐待相談対応件数 ― 各市区町村管轄地域の児童人口 × $\dfrac{\text{全国の児童虐待相談対応件数}}{\text{全国の児童人口}}$ ÷ 40

（※1）市区町村内に複数の支援拠点を設置する場合には、支援拠点単位で算定。

（※2）各年度における上乗せ人員は、児童人口は直近の国勢調査の数値を、児童虐待相談対応件数は前々年度の福祉行政報告例の数値を用いて算定。

（※3）「40」は、平均的な児童相談所の児童福祉司の虐待相談に係る持ちケース数（年間約 40 ケース（雇用均等・児童家庭局総務課調））を踏まえたもの。

【利用者支援事業ガイドライン】

利用者支援事業ガイドラインについて

こ 成 環 第 132 号
こ 支 虐 第 141 号
5 文 科 初 第 2595 号
令和 6 年 3 月 30 日

各 都道府県知事 殿

こ ど も 家 庭 庁 成 育 局 長
（ 公 印 省 略 ）

こ ど も 家 庭 庁 支 援 局 長
（ 公 印 省 略 ）

文 部 科 学 省 初 等 中 等 教 育 局 長
（ 公 印 省 略 ）

　利用者支援事業の推進については、かねてより特段の御配慮をいただいているところであるが、この度、別紙のとおり「利用者支援事業ガイドライン」を策定したので、通知する。

　利用者支援事業は、子ども・子育て支援法（平成 24 年法律第 64 号）第 59 条第 1 号に位置づけられ、平成 27 年 4 月より本格実施されているところであるが、本ガイドラインは、各自治体で事業が効果的に実施されるよう目的や基本的な事業内容等について主として基本型及び特定型について整理したものである。

　各都道府県におかれては、管内市町村（特別区及び一部事務組合を含む。）に対して遅滞なく周知し、遺漏のないよう配意いただきたい。

　また、本通知の適用に伴い、「利用者支援事業ガイドラインについて」（平成 26 年 10 月 6 日付け府政協政第 950 号、26 文科初第 704 号、雇児発 1006 第 1 号内閣府子ども・子育て本部統括官、文部科学省初等中等教育局長、厚生労働省雇用均等・児童家庭局長通知）は廃止する。

　なお、本通知は、地方自治法（昭和 22 年法律第 67 号）第 245 条の 4 第 1 項の規定に基づく技術的な助言である。

別紙

利用者支援事業ガイドライン

1　事業の目的

　本事業は、子ども・子育て支援法の施行に伴い、同法第59 条に規定する地域子ども・子育て支援事業の 1 類型として創設された事業である。

　子ども・子育て支援法では、市町村の責務の 1 つとして、「子ども及びその保護者が置かれている環境に応じて、子どもの保護者の選択に基づき、多様な施設又は事業者から、良質かつ適切な教育及び保育その他の子ども・子育て支援が総合的かつ効率的に提供されるよう、その提供体制を確保すること」が掲げられている。（同法第 3 条第 1 項第 3 号）これを受けて、市町村には、市町村子ども・子育て支援事業計画の策定が義務付けられている。すなわち、潜在的なニーズも含め、地域の「子育て家庭（妊娠している方及び

その配偶者を含む）」の多様なニーズを把握し、需要の見込みを立てるとともに、これに応えるべく、多様な施設や事業等を組み合わせ、計画的に供給体制を整備していく仕組みとしている。

　しかしながら、こうした市町村全体としての供給体制の整備だけでは、上記の市町村の責務を十分果たすことは難しい。個別の子育て家庭にとって、自らのニーズを把握し、多様な施設や事業等の中からどれを利用するのが適当なのか自ら判断することは、必ずしも容易なことではない。

　本事業は、「一人一人の子どもが健やかに成長することができる地域社会の実現に寄与する」という大きな目標の下、子育て家庭にとって身近な場所で相談に応じ、その個別のニーズを把握して、適切な施設や事業等を円滑に利用できるよう支援することを内容としている（利用者支援）。また、このような機能を果たすためには、日常的に地域の様々な関係機関や子育て支援団体等（以下、関係機関等）とネットワークを構築し、状況に応じて不足している社会

第6章 資料

資源を開発していくことも必要である（地域連携）。

こうした機能を持つ本事業は、市町村が上記の責務を果たし、地域の子育て家庭のニーズを実際の施設や事業等の利用に結び付ける上で、市町村子ども・子育て支援事業計画の策定と「車の両輪」ともなる極めて重要な事業であり、多くの市町村で実施されることが望まれるものである。

2 実施主体

(1) 本事業は、地域子ども・子育て支援事業の1類型であることから、その実施主体は、市町村（特別区及び一部事務組合を含む。以下同じ。）となる。ただし、市町村が認めた者へ委託等を行うことができる。

(2) 事業の委託等先としては、本事業を適切に行う観点から、少なくとも以下の要件を満たすことが必要である。

① 必要な研修を受講した従事者（以下本ガイドラインでは、利用者支援事業に従事する者を「利用者支援専門員」という。以下同じ。）を配置するなど、本事業を適正かつ円滑に遂行しうる体制を整えていること。

ただし、保育所や地域子育て支援拠点などの既存施設・事業において配置されている職員のみで、「こども家庭センター連携等加算」の要件を満たす基本Ⅲ型（基本Ⅲ型の要件・業務等については、4 事業内容 (2) 事業類型を参照すること）の事業所においてはこの限りではない。

② 利用者支援専門員等に対して、個人情報保護や守秘義務に関する研修を受講させ、本事業に係る個人情報の具体的な管理方法等についても一定の規程を設けるなど、委託等に係る業務上知り得た個人情報を適切に管理し、秘密を保持するために必要な措置を講じること。

(3) 市町村は、実施主体としての責任を果たす観点から、委託等先との関係について、以下のような点に留意する。

① 委託等先に対して、本事業を適切に実施するために必要十分な情報提供を行うこと。

② 委託等先の事業実施状況の把握や指導等により、適正な事業運営を確保すること。

3 対象者

本事業の対象者は、本事業の各実施地域に居住する、教育・保育施設（認定こども園、幼稚園、保育所）や、地域型保育事業、地域子ども・子育て支援事業、その他の地域の子育て支援事業等を利用しようとしている小学校就学前子どもの子育て家庭を基本としつつ、地域の実情に応じて柔軟に運用される必要がある。

例えば、保護者等が、子どもの出産まで地域に存在する様々なサービスや支援を必ずしもよく知らないことがあるため、妊娠している方も対象とし、自治体とも連携し本事業の事業者側から積極的にアプローチするなどして、本事業の存在や、将来の支援の可能性を認識・理解してもらうことも重要である。

また、学童期の子どもを持つ家庭、特別な支援を要する可能性のある子どもを持つ家庭、要支援家庭及び各種支援の場面で「心配」とされる家庭などの状況に応じて、18歳までの子どもとその保護者・家庭についても事業の対象者とし、必要に応じ、適切に対応することが必要である。

4 事業内容

(1) 基本的姿勢

事業の実施にあたっての姿勢を以下に示すこととし、具体的な実施内容は (2) 以降に示すこととする。

① 利用者主体の支援

- 子ども・子育て支援法は、一人一人の子どもが健やかに成長することができる社会の実現に寄与することを目的としており、支援にあたっては、「子どもの最善の利益」の実現を常に旨としなければならない。

- 問題解決の主体は利用者自身であり、利用者の意向を尊重し地域資源の状況を考慮しながら、利用者の希望に沿う支援のあり方を利用者と共に検討する。その際、利用者側から状況を捉えるなど、常に利用者主体の姿勢を保つ。

なお、本ガイドラインにおける「利用者」とは、教育・保育施設や地域の子育て支援事業等の利用者として想定される子ども及びその保護者等、または妊娠している方であって、利用者支援事業の支援の対象となる者であるが、文脈に応じて、「対象者」等として言い換えている。

② 包括的な支援

- 子育て家庭の置かれた状況、ニーズは多様である。複合的な課題を抱える家庭もあり、教育、保育、子育て支援のみではなく、医療・保健等の隣接領域や、地域の関係づくりなども含め、様々な支援が一体的・包括的に提供される必要がある。

- 特に、家庭全体を支援することが必要と考えられる場合には、家庭が抱える課題を構造的に捉えた上で、他領域の関係機関等と連携しながら子育てへの支援の役割を担う。例えば、育児と介護のダブルケアを行っているなど当該家庭が高齢者や障害者等の課題を抱えている場合は、そのような機関とも連携・協力しながら家庭を支える必要がある。

- 包括的な支援においては、関係機関等が連携し、支援を行うことが重要である。

③ 別的ニーズに合わせた支援

- 子育て家庭の置かれた状況、ニーズは多様であるがゆえ、その個別の家庭の状況に即した支援も重要である。
- 支援の前提となるのは、利用する側の視点に立った適切なアセスメントである。
- 既存の制度、施設・事業等に子育て家庭を当てはめようとするのではなく、個別ニーズに合った施設や事業等を提供していくという視点が重要である。
- 子ども・子育て支援法上の施設・事業等だけでなく、隣接する他領域のフォーマルな事業や地域のインフォーマルな取組みも活用し、オーダーメイドでコーディネートされる必要がある。
- 複雑かつ専門的分野の支援を必要とする家庭からの相談対応を円滑に実施するため、本事業は、各専門機関と日頃から緊密に連携し、「つなぎ」の役割を果たすことが重要である。

④ 子どもの育ちを見通した継続的な支援

- 人間のライフサイクルにおいて、発達がもっとも急速に進むのが子どもの時期の特徴である。
- 子ども自身やその保護者等のニーズも恒常的に変化するものであり、子どもの発達を見通しながら、長期的視野に立って、計画的・継続的に支援を行うことが重要である。
- 支援施策は、妊娠期、乳幼児期、学童期などライフサイクルに応じて区切られているものが多いが、切れ目ない支援の提供が必要である。

⑤ 早期の予防的支援

- アウトリーチ型支援も含め、困難な事情を抱えた子育て家庭のニーズをいち早く把握し、予防的な働きかけを行うことは、状態の更なる悪化を防ぐことにもなる。当事者の意向を十分踏まえながら、時には積極的な問題解決を図ることも重要である。

⑥ 地域ぐるみの支援

- 子育て家庭を中心に置いて、個別の家庭の状況に応じた支援を提供するためには、利用者支援専門員や市町村窓口の担当者のみならず、教育、保育、子育て支援をはじめ、医療・保健等の隣接領域のフォーマルなサービス、近隣住民やボランティアなどインフォーマルなサービス、さらには祖父母等親族による支援も含め、それぞれの地域の実情に合った柔軟で多様な取り組みが必要である。
- 「支援する者」と「支援される者」という関係性だけでなく、子育て家庭が本来持っている力を引き出すことにより、自分の得意なことを生かして人とつながりを持ち、自分の生活を豊かなものとしていく、いわゆるエンパワメントの視点も重要である。
- 地域の課題を共有した上で、不足するサービスについては、社会資源を開発していくことも重要である。

(2) 事業類型

- 本事業は、下記（3）〜（5）の業務実施を基本としつつ、（3）についてその一部を実施し、（4）について必ずしも実施しない類型も可としている。
- 下記（3）〜（5）の業務をすべて実施し、包括的な支援を行う類型を「基本型」（基本Ⅲ型については、「地域子育て相談機関の設置運営等について」（令和6年3月30日付けこ成環第100号こども家庭庁成育局長通知）6. 業務内容に記載する業務を実施することで差し支えない。）、下記（3）〜（5）の業務の一部を実施しない類型を「特定型」と呼ぶ。
- 「特定型」については、主として市町村窓口において、子育て家庭のニーズと特定の施設等を適切に結びつけ利用調整を図る「ガイド役」としての機能を想定しており、地域連携については、市町村が有する機能と連携して取り組むことになる。ただし、上記(1)に掲げた「基本的姿勢」は十分理解し、これに則って業務を行う必要がある。

(3) 利用者支援[1]

① 相談

- 子育て家庭のニーズに沿って支援の仕組みを構築するためには、その個別ニーズを把握し、状況を見極めることが出発点となる。
- 多くの子育て家庭にとっては、そのニーズに応じた支援を自ら適切に選択することは必ずしも容易でなく、自らのニーズ自体を的確に認識できない場合も多い。
- 子ども・子育て支援法において、本事業の実施場所は「子ども及びその保護者の身近な場所」と規定されているが、これは、子育て家庭の個別ニーズは、往々にして、愚痴のような何気ない日常の相談から把握されるものであり、そうした相談を行うためには、例えば地域子育て支援拠点や保育所等の保護者等が日常的、継続的に利用できる敷居の低い場所が有効であるためである。

---

[1] 本ガイドラインにおいて、「利用支援」及び「利用者支援」については、以下の意味を指している。
- 「利用支援」：主に施設・事業の利用を支援（案内・つなぎ）すること。
- 「利用者支援」：相談、情報提供、利用支援を含む利用者を支援すること全般を指す概念である。

利用者支援事業のための実践ガイド　131

第6章 資料

【具体的な相談内容例】
- 突発的な事情による子どもの預かりに関すること。
- 子どもの発達状況に関すること。
- 子育てに関する日常的な悩み。　　　など

- 言い換えれば、本事業では、行政の相談とは視点の異なる、当事者の目線に立った、寄り添い型の支援が必要とされている。
- 子育て家庭の場合、身近な場所であっても通うこと自体に困難が伴う場合もあることから、状況に応じて、地域で開催されている交流の場や各家庭に出向いて相談支援を実施するアウトリーチ型支援を併用することも、有効な手段である。
- 相談を受けて、その子育て家庭が抱えている課題は何か、その背景・要因は何か、それを解消するために何らかのサービスや支援を必要としているのかを見極める必要がある。この際、子育て家庭の主訴と真のニーズが異なる場合も多いこと、家庭全体の状況や取り巻く環境も把握することが重要であることに留意する必要がある。
- 子ども・子育て支援法上の施設・事業等のみならず、医療・保健等の隣接する他の領域のフォーマルな事業、近隣住民やボランティアなどによるインフォーマルな取組みも含め、その子育て家庭に最もふさわしい支援のあり方を提示することが期待されている。
- 行政の窓口を主たる実施場所とし、特定の施設・事業の利用者支援のみを行うことを想定している「特定型」においても、行政における本事業の担当職員は、こうした本事業の特徴・意義を十分理解し、子育て家庭の個別ニーズを引き出しやすい相談姿勢と寄り添い型の支援を心がけるとともに、特定型の利用者支援の守備範囲外の施設・事業等の利用が適当と思われる場合には、速やかにこれらの施設・事業等の担当部局につなぐ必要がある。

② 情報の収集及び提供
- ①の相談を受け、必要な情報を提供し助言するためには、日常的に地域連携機能を通じて、地域ごとの子ども・子育て支援法上の施設・事業等や、隣接する他の領域のフォーマルな事業、あるいは地域のインフォーマルな取組みも含め、地域の子育て支援に関わる社会資源について必要な情報を収集・蓄積し、整理しておく必要がある。
- 具体的には、地域における
  - ア．教育・保育施設（認定こども園、幼稚園、保育所）
  - イ．地域型保育事業（小規模保育、家庭的保育、居宅訪問型保育、事業所内保育）
  - ウ．地域子ども・子育て支援事業（地域子育て支援拠点事業、一時預かり、放課後児童クラブ等）
  について、その
    - A）施設（名称、種類、所在地）や設置主体・事業主体（自治体、法人、団体の種別）
    - B）事業実施時間等（実施日、実施時間、月間スケジュール等）
    - C）事業内容
    - D）提供形態（施設型・訪問型・出張型の別、無料・有料の別）
  等の収集が必要である。

また、地域に所在する小児科・産婦人科等の医療機関、こども家庭センター、保健所・保健センター等の保健機関、児童相談所、福祉事務所や自治体の福祉の窓口等の福祉機関、児童・民生委員（主任児童委員を含む）、母子・父子支援の窓口や機関、DV等の問題に対応する様々な関係機関等についても、その名称（名前）、所在地（居住地）、利用等可能日・時間の情報を収集、整理し、相談時等に必要になった時に備えておく必要がある。

さらに、本事業の各実施地域に適切な施設や、事業、機関等が所在しない場合もあるため、情報等を必要とする利用者のために、事業実施地域の隣接地域等も含め、ある程度広域での情報収集に努める必要がある。

収集する情報の範囲については、施設や行政が実施する事業に関する情報に限らず、例えば以下のようなインフォーマルな情報についても幅広く収集し、利用者である子育て家庭に対し提供できるようにすることが望ましい。

（例）
- ア．地域の子育て支援団体等の情報（構成員、事業内容、活動時間等）
- イ．子育てサークル（構成員の情報、活動内容）
- ウ．その他、地域に居住する子育て等に詳しい住民

- ただし、こうした客観情報の提供だけでは、利用者支援機能として十分とは言えず、地域連携機能を通じて培い蓄積してきた、行政では把握・提供しにくい、子育て家庭に寄り添う視点からの「活きた情報」を提供していく姿勢が重要である。
- 整理した情報の提供方法については、相談時に提示することを基本としつつも、ホームページを活用したり、情報誌を定期的に作成するなど保護者等が閲覧・利用しやすいように、工夫するものとする。

③ 助言・利用支援

- 子育て家庭の状況により、②の情報提供のみで終了する場合もあれば、
  - ア．施設や事業等の利用に当たって必要となる適切な行政窓口の紹介
  - イ．子育て家庭の状況に応じた子育て支援に関する施設や事業等の提示
  - ウ．相談の内容を踏まえた、適切な専門機関や子育て支援団体等への仲介などが必要になる場合もある。
- その際、事業実施要綱の「6留意事項」の（8）にも記載されているように、施設や事業等を利用するか否かや、利用する場合の施設・事業等の選択については、自己決定の尊重の原則に則り、本事業の事業者側が勝手に選択・判断したり、利用者である子育て家庭に選択・判断を迫ったりすることのないよう、十分留意することが必要である。
- また、必要な場合には、行政窓口等への同行や手続申請の支援、利用開始後の状況の確認を行う。
- 相談対応の結果を元に、関係機関が広く連携して支援する必要性を検討すべきと判断される子育て家庭について個別事例ごとに専門家等の関係者が集まるケース会議を開催することが考えられる。ケース会議は、利用者支援専門員、実施場所の職員、市町村窓口の担当者、関係機関の担当者、有識者等を交えて開催する。その際、会議の招集は、市町村が行うことも考えられる。
  なお、要保護児童対策地域協議会（以下「要対協」という。）の対象のケースについては、双方の役割分担に留意し、重複して開催しないようにすることが必要である。

④ 相談等の記録

- 事業を利用する保護者のニーズを把握したり、相談を受けた際には、適切な支援活動と支援活動の継続性の担保や、事例検討、関係機関等との的確な情報共有等のために、得た情報を記録しておくことが重要である。
  本事業における記録には、相談記録や事例経過を記した支援記録と、ケース会議を開催した場合のケース記録が想定される。
  （記録内容の例）
  - 相談記録に関する項目（相談を受けた日付、相談を受けた子育て家庭に関する外形的情報や子育ての状況、相談内容や家庭の意向・希望、支援の方向性等）
  - 支援記録に関する項目（事例の経過、所感、等）

- ケース会議に関する項目（ケース会議日時や参加者、家族の意向・状態・課題、支援目と具体的支援内容、等）

（4）地域連携

① 関係機関等との連絡・調整、連携、協働の体制づくり

- 子育て家庭の個別ニーズを把握した上で、適切な情報の提供や利用支援ができるようにするためには、子ども・子育て支援法上の施設・事業等、隣接する他の領域のフォーマルな事業、あるいは地域のインフォーマルな取組みも含め、地域で子育て支援に関わる様々な関係機関等と日常的に連絡・調整を行い、協働の体制づくりを行うことが重要である。
- 例えば、関係機関等の代表者からなる代表者会議を定期的に開催したり、個別事例ごとに専門家等の関係者が集まるケース会議を随時開催することが考えられ、本事業の事業者はその事務局の役割を担うことが考えられる。その際、会議の招集は、市町村が行うことも考えられる。
- 本ガイドラインにおいて、「ケース会議」とは、要対協の対象とならない、支援を必要とする個別事例に応じて、必要な関係者が参集し、子育て家庭の状況把握や問題点の確認、支援方針や関係者の役割分担の検討・決定等を行う場を想定しており、「代表者会議」は、「ケース会議」で把握された地域課題の集積も踏まえつつ、関係者の間で、地域課題の発見・共有を行った上で、必要に応じ、社会資源の開発等の検討を行う場を想定している。
- 地域には、すでに子育て支援に関わる様々なネットワークが構築されている場合もある。この場合、必ずしも新たなネットワークを一から作ろうとするのではなく、既存のネットワークと連携を図り、複数のネットワークの橋渡しをするような形で、関係機関等の協働の体制づくりを行うことも考えられる。
- 関係機関等との密接な連携を図るためには、それらとの信頼関係の構築が重要であり、連携先となる機関等に対し、本事業が法律に基づく市町村事業であることや、その機能・役割や業務内容について、正しい十分な理解を持ってもらうよう、常日頃から積極的な情報提供、説明等に努めることが必要である。また、人事異動等により、相互の担当者の変更等によって、円滑な連携が損なわれることのないよう、継続的な連絡等の関係構築が必要である。
- なお、本事業の事業者については、要対協の構成員となることが可能である。同地域協議会を構成

利用者支援事業のための実践ガイド　133

第 6 章 資料

する機関は児童福祉法（昭和 22 年法律第 164 号）第 25 条の 5 に基づき協議会の外部に対しては守秘義務があるとともに、協議会の構成員間では要保護児童等に関する情報の交換等が期待されていることから、本事業の事業者はこの枠組みを積極的に活用することが望ましい。

- 特に、発達が気になる子どもついての相談や育児不安のある保護者等からの相談等があった場合には、その内容に応じて適切な専門機関につなぐことが求められる。そのため、関係機関等と普段から緊密に連携を図り、協力体制を築いておくことが求められる。
  【主な連携先関係機関等】
    こども家庭センター、福祉事務所、児童相談所、保健所・保健センター等の保健機関、医療機関、療養機関、児童発達支援センター、児童委員、教育委員会、学校、警察、地域の NPO 法人等の保健・医療・福祉関係の専門機関・団体 等
- また、障害児等を養育する家庭からの相談等についても、関係機関等と連携し、適切な対応が図られるよう努めるものとする。【主な連携先関係機関等】市町村の所管部局、指定障害児相談支援事業所
- さらに、児童虐待の疑いがあるケースが把握された場合には、関係機関等と連携し、早期対応が図られるよう努めなければならない。
  【主な連携先関係機関等】
    こども家庭センター、福祉事務所若しくは児童相談所又は児童委員 等

② 地域の子育て資源の育成、地域課題の発見・共有、社会資源の開発等
- 社会資源の在り様は、地域によって様々であり、場合によっては、保護者等が必要とする地域の子育て支援資源の機能が十分でなかったり、当該地域に存在しない事態も想定される。
- 本事業は、制度や既存の社会資源の枠内に子育て家庭のニーズを収めようとするのではなく、子育て家庭を中心に置いて、その個別のニーズに照らして必要となる支援を地域で提供できる体制を整えようとすることに大きな特徴がある。
- このため、地域の子育て支援団体等の有用な資源の育成や、必要だが存在しない社会資源については、地域の子育て当事者や行政、その他の関係者との間で地域課題の発見・共有を行ったうえで、必要に応じて社会資源の開発（従来実施していなかった他の子育て支援に関わる資源の開発など）等を行うことも求められる。

- この際、近隣住民やボランティアなどインフォーマルなサービスの活用も含め、それぞれの地域の実情に合った柔軟で多様な取り組みが必要。多様な地域住民が子育てに関われる仕組みとすることで、地域における子育ての文化や知識の継承などの効果も期待される。

（5） 広報
- 本事業の実施に当たり、積極的な広報・啓発活動を実施し、実施場所、実施日・時間、事業内容、連絡方法、事業内容等について広くサービス利用者に周知を図るものとする。
  【広報の方法（例）】
  - ホームページの活用や情報誌の定期的な作成その他のメールマガジン、SNS 等の広告媒体を活用する。
  - 利用の手引きを作成し、乳児家庭全戸訪問事業（こんにちは赤ちゃん事業）、新生児訪問等と連携したり、母子健康手帳交付や出生届受理等の機会を活用するなどして配布する。

（6） その他
① 開設日
- 相談等を受け付ける窓口の開設日・開設時間については、地域の実情や保護者等が就労している場合は就労状況を考慮して設定すること。
- なお、本事業の趣旨に鑑みて、利用支援を必要とする者が、いつでも相談できるよう、一週間のうち半分以上の日数を開設することが望ましい。

② 本事業の実施が想定されている施設等との関係
- 子ども・子育て支援法において、本事業の実施場所は「子ども及びその保護者の身近な場所」と規定され、例えば、地域子育て支援拠点や保育所等が想定されているのは、子育て家庭の個別ニーズが、往々にして、愚痴のような何気ない日常の相談から把握されるものであり、通うのに敷居の低い場所が有効であるためである。
- このため、利用者支援専門員と、地域子育て支援拠点等の従事する者は、守秘義務等に留意しつつ、相互に協力し合うとともに、事業の円滑な実施のために一体的な運営体制を構築することが必要である。

5 利用者支援専門員
（1） 役割
- 「特定型」の利用者支援専門員は、保護者等のニーズを把握し、当事者の目線に立って、最適な子育て支援に係る施設や事業等を提案して円滑な利用の手

助けをする役割を担う。

- 「基本型」の利用者支援専門員は、「特定型」の利用者支援専門員の役割に加え、発達が気になる子どもついての相談や育児不安のある保護者等からの相談等があった場合には、直接、個別問題を解決するのではなく、相談者が抱える課題を解決するために早期に適切な専門機関等につなげ、継続的な見守りを行い、また、必要に応じて社会資源の開発等を行うなど、「間接的支援」、「予防的支援」の役割を担う。

「基本型」の職員として求められる役割は、

　　ア　利用者と地域の子育て資源又は各子育て資源間のコーディネートであり、ソーシャルワーク的なものであること

　　イ　地域の子育て資源について深い理解や関係者との密な関係構築が必要であることから、子ども・子育て支援に関する事業の実務経験を有する者であることを基本とする。

- 利用者支援専門員は、医療・教育・保育施設や地域の子育て支援事業等に従事することができる資格を有している者や、地方自治体が実施する研修もしくは認定を受けた者のほか、育児・保育に関する相談指導等について相当の知識・経験を有する者であって、地域の子育て事情と社会資源に精通した者とする。

(2)　要件

①　基本型

　ア　職員の要件等

　　　以下の（ア）及び（イ）を満たした者又は（ウ）に該当する者でなければならない。

　　（ア）「子育て支援員研修事業の実施について」（令和6年3月30日付こ成環第111号、こ支家第189号こども家庭庁成育局長、こども家庭庁支援局長通知）の別紙「子育て支援員研修事業実施要綱」（以下「子育て支援員研修事業実施要綱」という。）別表1に定める「子育て支援員基本研修」に規定する内容の研修（以下、「基本研修」という。）及び別表2－2の1に定める子育て支援員専門研修（地域子育て支援コース）の「利用者支援事業（基本型）」に規定する内容の研修（以下「基本型専門研修」という。）を修了していること。

　　　なお、以下の左欄に該当する場合については、右欄の研修の受講を要しない。ただし、中段及び下段に該当する場合には、事業に従事し始めた後に適宜受講することとする。

子育て支援員研修事業実施要綱5の（3）のアの（エ）に該当する場合	基本研修
本実施要綱が適用される際に、既に利用者支援事業に従事している場合	基本研修 基本型専門研修
事業を実施する必要があるが、子育て支援員研修事業実施要綱に定める研修をすぐに実施できないなどその他やむを得ない場合	基本研修 基本型専門研修

　　（イ）　以下に掲げる相談及びコーディネート等の業務内容を必須とする市町村長が認めた事業や業務（例：地域子育て支援拠点事業、保育所における主任保育士業務 等）の実務経験の期間を参酌して市町村長が定める実務経験の期間を有すること。

　　　（a）保育士、社会福祉士、その他対人援助に関する有資格者の場合 1年

　　　（b）（a）以外の者の場合 3年

　　（ウ）児童福祉法施行規則第5条の2の8に規定するこども家庭ソーシャルワーカー

　イ　職員の配置

　　　アを満たす専任職員を、1事業所1名以上配置するものとする。ただし、保育所や地域子育て支援拠点などの既存施設・事業において配置されている職員のみで、「こども家庭センター連携等加算」の要件を満たす場合においてはこの限りではない。

　ウ　その他

　　　アの（ウ）に該当する者については、子育て支援員研修事業実施要綱に定める基本研修及び基本型専門研修の受講を要しないが、職員として配置するにあたっては、本事業の意義や内容、管内地域の特性等 について十分な理解が得られるよう、実施主体（委託先を含む。以下同じ。）において必要な対応を行うこと。

　　　イを満たした上で、地域の実情により、適宜、業務を補助する職員を配置しても差し支えないものとする。

②　特定型

　ア　職員の要件等

　　　利用者支援事業に従事するにあたっては、子育て支援員研修実施要綱別表1に定める基本研修及び別表2－2の2に定める子育て支援員専門研修（地域子育て支援コース）の「利用者支援事業（特定型）」に規定する内容の研修を修了していることが望ましい。

　イ　職員の配置

　　　アを満たす専任職員を、1事業所1名以上配置するものとする。

ウ　その他

イを満たした上で、地域の実情により、適宜、業務を補助する職員を配置しても差し支えないものとする。

【必要になると思われる知識、技術等】

- 子育て支援、児童福祉、母子保健等に係る施策の制度内容・事業内容や手続方法、各地域の実態
- 関係する行政組織や専門機関等の役割・所掌事務・連絡方法等
- 子育て家庭の抱える課題を十分に理解した上で、適切な関係専門機関等につなげ、継続的な見守りを行うために、子どもの発達、障害や母子保健等についての基礎的な知識
- 相談援助の知識・技術

対人援助の基本、傾聴、アセスメントの力、支援実施にあたって必用となる職業倫理や法令順守事項など。

(3)　体制

- 利用者支援専門員は単独で事業を担うのではなく、実施場所の施設や子育て支援施策担当職員、市町村窓口の担当者等の関係者と相互に協力し合いながら、事業の円滑な実施のために一体的な運営体制を構築することとする。

(4)　研修等

- 本事業に従事する者は、有する資格や知識・経験に応じて、本事業を実施するに当たり共通して必要となる知識や技術、倫理を身につけ、かつ常に資質、技能等を維持向上させるため、必要な各種研修会セミナー等の受講に努めること。
- 本事業の主たる業務である相談対応などは、実際に従事していく過程で、問題や悩みが認識されることがあること、また子育て中の親子をとりまく制度や状況は、日々変わるものであり、常に最新の知識や技能を身につけておく必要があることから、現任研修やフォローアップ研修等にも積極的に参加するよう努めること。
- 実施主体（委託等先を含む。）は、本事業に従事する者のための各種研修会、セミナー等に積極的に参加させるよう努めること。
- 例えば、市町村と事業者が協力して、他の事業者の従事者と交流を持つこと等により、定期的に、相談対応等の振り返りを行うようにする。また、そのことを通じて、特定の利用者支援専門員が抱え込むのではなく、関係者間で情報を共有して連携・協力することで、相談に訪れた保護者等へより良い支援を行えるようにする。

- 家庭児童相談室や社会福祉協議会等のソーシャルワーカーから、職員がスーパービジョンを受ける体制も整えておく必要がある。また、医療、保健、カウンセリング、弁護士等、他領域の専門機関や専門職からコンサルテーションを受けることも視野に入れ、状況に応じて依頼する。
- 市町村と事業者が協力して、必要に応じて外部の専門職や研究者のアドバイスを受けられるようにすることが望ましい。

6　運営

(1)　情報の管理

① 記録の作成及び管理

- 相談・助言の内容については必ず記録を作成し、支援の資料とするほか、関係機関や関係者等との情報共有やケース会議等において活用するようにする。
- 記録の作成、閲覧に関しては、利用者（保護者等）本人の承諾を得ることを原則とする。
- 作成場所、保管方法、保管場所、閲覧権限、保存年限、個人情報に留意した廃棄方法等の記録の管理方法については各自治体の条例や規則等に基づき、ガイドラインを適宜定め、これを事業の利用者支援専門員に周知する。

② 個人情報と守秘義務

- 利用者支援専門員は、子どもの「最善の利益」を実現させる観点から、子育て家庭への対応に十分配慮するとともに、正当な理由なく、その業務上知り得た秘密を漏らしてはならない。
- 利用者支援専門員が業務上知り得た個人情報の適切な管理や秘密の保持のため、以下の対応等により万全を期す。

ア．個人情報の管理（保存期限と廃棄、保管場所、閲覧可能者範囲等）や守秘義務についての規程を定め、これを事業の利用者支援専門員に周知する。

イ．特に利用者支援専門員に対しては、個人情報の管理や守秘義務について研修等を行い周知徹底する。

ウ．非常勤職員の委嘱手続等においては、誓約書を取り交わすことなど、具体的措置を講じる。

- 他方、子育て家庭からの相談に基づいて必要な場合において関係機関と連携する際や、相談内容を関係機関に連絡する場合には、それらの相談内容や置かれた状況に関する情報の共有は必要不可欠であり、個人情報の保護と守秘義務はこれに反するもの

ではないことに留意が必要である。ただしその際、情報共有の相手方にも守秘義務がかけられているか等、最終的に個人情報やプライバシーが守られるかどうかについてはよく注意することが必要である。

（2）要望や苦情への対応

- 要望や苦情を受け付ける窓口を設け、子育て家庭に周知し、要望や苦情の対応の手順や体制を整備して迅速な対応を図ることとする。
- 苦情対応については、苦情解決責任者、苦情受付担当者、第三者委員の設置や解決に向けた手順の整理等、迅速かつ適切に解決が図られるしくみをつくることとする。

7　その他

- 事業と関連する事業等として、
  ① 児童福祉法第21条の11に基づく市町村の本来業務
  ② 市町村等が行うその他の子ども・子育てに関する相談業務等がある。
- ①については、児童福祉法第21条の9に「子育て支援事業」として限定列挙された一時預かり等について、市町村が保護者に対して情報提供や相談対応、助言を行い、さらに求めがあった場合には、事業者に対しあっせんや調整、要請を行うことが定められたものであり、現在では一般財源化された事業として、各市町村の判断により実施されている。

  他方、子ども・子育て支援法に規定される本事業は、児童福祉法上の事業だけでなく、それらを含む地域子ども・子育て支援事業、教育・保育施設、地域型保育事業に加え、隣接する他の領域のフォーマルな事業、あるいは地域のインフォーマルな取組みなど、地域の子育て支援のための資源全体を対象とした子育て家庭

の身近な場所において「利用者支援」や「地域連携」を行う事業である。本事業については、市町村が定める市町村子ども・子育て支援事業計画に基づき、各地域でニーズがある場合には必ず実施されることとなっており、財政的に、子ども・子育て支援法に基づく国庫補助により支援されることとなる。したがって、両事業は、趣旨・目的や事業の対象者・内容において一部重複する部分もあるが、異なる事業として、両者が併存してそれぞれ行われることが想定されているものである。本事業には、子育て家庭のニーズをより丁寧に把握し、詳細な情報提供や助言を行うことで、行政機能の補完も期待されるところであり、両者の相乗効果が期待されている。

- ②については、児童福祉法に基づき、市町村が行っている児童家庭相談や、児童相談所（児童相談員）、児童家庭センター、障害児支援分野における児童発達支援センターや指定障害児相談支援事業所における相談業務のほか、市町村において独自に取り組まれる事業等などがあるが、本事業は、多種多様な課題や悩みを抱える子育て家庭にとっての最初の窓口として、そのニーズを丁寧に把握しつつも、利用者支援専門員が単独で課題等の解決を目指すのではなく、専門機関等と連携することや場合によっては相談をそれら関係機関に適切につなぐことを期待されているものであり、これについても本事業と他事業の相乗効果が期待されるものである。

- 利用者支援は、敷居の低い身近な地域の施設等において相談に応じるのが特徴であり、また、施設や事業等の利用支援のみでなく、地域連携等によって予防的機能を担う機能があることが、公的機関に属する専門職による相談と異なるものである。

以　上

NPO法人子育てひろば全国連絡協議会の活動について

NPO法人子育てひろば全国連絡協議会の活動紹介

●活動内容
・「子育てひろば」の成果と可能性を検証し、子どもの育ちや家庭支援の重要性、社会みんなで子育てを支える環境づくりを提言します。
・「子育てひろば」に取り組む運営団体をサポートし、質の向上に貢献します。
・連携と協働による人育て、まち育てをすすめます。

●研修の実施
実践者向けの自主事業や自治体からの委託による研修などを実施しています。
・地域子育て支援拠点等初任者研修
・地域子育て支援拠点従事者のための基礎研修・応用研修・中堅者研修
・プレママ・プレパパ向け講座のためのワークショップ
・予防型プログラム研修
・リーダーシップ研修
・利用者支援事業等従事者研修
・利用者支援スキルアップ研修
・利用者支援専門員（基本型）のひろば 専用講座
・地域子育て支援士養成講座（一種・二種）
・こども家庭庁委託事業 地域の人材による子育て支援活動強化研修
・公開セミナー

予防型プログラム

●調査・研究・書籍編集
・詳解 地域子育て支援拠点ガイドラインの手引き（中央法規出版）
・利用者支援事業のための実践ガイド（中央法規出版）
・地域子育て支援拠点における活動の指標「ガイドライン」
・こどもまんなか社会の利用者支援事業 概要と取組

これからママ・パパになる人のために
地域子育て支援拠点ができること

●国への提言・広報・情報提供
・子ども・子育て支援施策にかかわる意見書提出
・会員向け情報紙発行
・メールニュースの配信
・国の最新情報の提供

こどもまんなか社会の
利用者支援事業 概要と取組

●地域子育て支援拠点運営のための会員支援　（2025年2月末時点：会員数約1496）
・子育てひろば総合補償制度（ひろば保険）
・テーマ別交流会
・電話・メール等での相談対応

利用者支援専門員向け研修

1. 利用者支援事業（基本型）実践者のための「利用者支援事業等従事者研修」

「利用者支援事業等従事者研修」は、地域子育て支援拠点など親子が継続的に利用できる施設で、個別の家庭状況を踏まえた支援のコーディネートをする方を対象とした研修です。日頃の業務のスキルアップのために、また利用者支援事業の担い手として必要な知識の習得のためにもぜひご活用ください。

◆子育て支援員研修事業実施要綱に定められた研修シラバスに沿った講座内容となっておりますので、「子育て支援員研修 専門研修 利用者支援事業（基本型）」としても実施できます

◆講座概要
　　所要時間：事前課題 ＋ 8時間
　　講義内容：講義「子育て支援コーディネーターの役割と期待される力量」
　　　　　　　ワーク「具体的な事例に基づくワーク」他
　　開催方法：オンラインまたは対面研修
　　受講料につきましてはHPをご覧ください

2. 利用者支援スキルアップ講座

「利用者支援事業等従事者研修（子育て支援コーディネーター養成講座）修了者」の皆さまへのフォローアップとしてご活用いただくとともに、利用者支援事業現任者やそれに準ずる方にもご参加いただけます。

◆利用者支援スキルアップ講座は、「子育て支援員研修（フォローアップ研修）」としても実施できます

◆講座概要
　　所要時間：約3時間
　　講義内容：利用者支援専門員のニーズに合わせた講座
　　受講料につきましてはHPをご覧ください

3. 利用者支援専門員（基本型）のひろば

「利用者支援専門員（基本型）のひろば」は利用者支援事業に取り組む団体と専門員のためのネットワークです。情報提供・情報交換、事例検討等を通じて、事業の促進やスキルアップを図ると共に、子育て支援関連の相談支援体制の強化、専門員の更なる社会的位置づけの向上を目指しています。

◆利用者支援専門員（基本型）のひろばに登録すると
　　利用者支援事業についての最新情報やトピックスをメールマガジンで配信します

◆利用者支援専門員（基本型）の講座の実施
　　各テーマによる講座・交流会にオンラインで参加できます
　　詳細はHPをご覧ください

◆ご連絡先 ：NPO法人子育てひろば全国連絡協議会
　　　　　　〒222-0037 横浜市港北区大倉山1-12-18-303
　　　　　　TEL：045-531-2888・045-546-9970／FAX：045-512-4971
　　　　　　E-mail：info@kosodatehiroba.com
　　　　　　https://kosodatehiroba.com

◉編著者略歴

橋本真紀 (はしもと・まき)…第3章　＊事例についてはNPO法人子育てひろば全国連絡協議会と作成

関西学院大学教授。私立幼稚園、公立保育所（保育士）で勤務の後、子育て支援を学びたいと大学に編入学。大学、大学院に所属しつつ、市民として地域の子育て情報冊子作成や子育てサークル交流会等に携わる。大学院卒業後ファミリー・サポート・センター、地域子育て支援センターで勤務。現在は、保育士養成校の教員として勤めつつ、地域子育て支援者の支援や研究を行っている。大阪市立大学大学院博士課程修了。博士（学術）。厚生労働省子育て支援員研修制度に関する検討会委員。

◉執筆者略歴（五十音順）

奥山千鶴子 (おくやま・ちづこ)…第1章、第2章

NPO法人子育てひろば全国連絡協議会理事長。認定NPO法人びーのびーの理事長。
横浜市の港北保健所（現在の港北区福祉保健センター）の子育て通信づくりにボランティアとして携わりながら、地域の親たちと平成12年4月、商店街空き店舗を活用して子育て家庭の交流の場「おやこの広場びーのびーの」を立ち上げる。平成18年3月港北区地域子育て支援拠点「どろっぷ」受託。子育てひろばにかかわるスタッフ研修の必要性を感じ、全国の実践者とともに中間支援団体「子育てひろば全国連絡協議会」を平成19年度に法人化した。内閣官房こども未来戦略会議構成員。こども家庭庁こども家庭審議会子ども・子育て支援等分科会委員。

坂本純子 (さかもと・じゅんこ)…第5章、第6章

NPO法人新座子育てネットワーク代表理事、NPO法人子育てひろば全国連絡協議会協力アドバイザー。
平成11年に子育て仲間と地域子育て支援に取り組み、新座子育てネットワークを発足。地域子育て支援拠点・利用者支援事業・児童センター・こどもの居場所などの運営、父親やひとり親の支援、孤独孤立対策などにも取り組む。実践者や専門家、研究者、政府自治体、企業、海外NGOとも連携し、子ども子育ての現代的課題に挑戦。子育てひろば全国連絡協議会の運営に前身団体より関わる。埼玉県・神奈川県・千葉県などの子育て支援員研修など支援者養成に尽力。新座市及び埼玉県ほかの福祉・教育・男女共同参画の各種委員を歴任。

新澤拓治 (しんざわ・たくじ)…第4章

社会福祉法人雲柱社 施設長。東京都江東区にある神愛保育園に保育士として勤務。いち早く地域子育て支援センターに取り組むなど地域に根ざした保育を経験。その後平成11年に江東区子ども家庭支援センターみずべの開設スタッフとなり、そこから子育て支援・子育てひろばの深い世界にのめり込み実践を続けている。東京都江東区では大島、東陽、南砂の子ども家庭支援センター、東京都練馬区では光が丘、大泉の地域子ども家庭支援センターの施設長を歴任。現在は地域子ども家庭支援センター光が丘所長。 認定NPO法人びーのびーの理事。NPO法人子育てひろば全国連絡協議会専門アドバイザー。

◉編　集

NPO法人子育てひろば全国連絡協議会

地域子育て支援拠点で取り組む

利用者支援事業のための実践ガイド［第2版］

2025 年 4 月 1 日　　初版発行

編　著 ································ 橋本真紀

編　集 ································ NPO 法人子育てひろば全国連絡協議会

発行者 ································ 荘村明彦

発行所 ································ 中央法規出版株式会社

　　　　　　　〒 110-0016　東京都台東区台東 3-29-1 中央法規ビル
　　　　　　　TEL　03-6387-3196
　　　　　　　http://www.chuohoki.co.jp/

本文・装幀デザイン ······· ケイ・アイ・エス 有限会社

印刷・製本 ····················· 株式会社 太洋社

ISBN978-4-8243-0199-4

定価はカバーに表示してあります

本書のコピー、スキャン、デジタル化等の無断複製は、著作権法上での例外を除き禁じられています。また、本書を代行業者等の第三者に依頼してコピー、スキャン、デジタル化することは、たとえ個人や家庭内での利用であっても著作権法違反です。

落丁本・乱丁本はお取り替えいたします。

本書の内容に関するご質問については、下記URLから「お問い合わせフォーム」にご入力いただきますようお願いいたします。
https://www.chuohoki.co.jp/contact/

A199